司马迁的故事

黄永年 著

2018年·北京

图书在版编目（CIP）数据

司马迁的故事 / 黄永年著. —— 北京：商务印书馆，2018
ISBN 978-7-100-16290-6

Ⅰ.①司⋯ Ⅱ.①黄⋯ Ⅲ.①司马迁（约前145或前135—？）—生平事迹 Ⅳ.①K825.81

中国版本图书馆CIP数据核字（2018）第140519号

权利保留，侵权必究。

司马迁的故事
黄永年 著

商 务 印 书 馆 出 版
（北京王府井大街36号 邮政编码 100710）
商 务 印 书 馆 发 行
北京富诚彩色印刷有限公司印刷
ISBN 978-7-100-16290-6

2018年11月第1版　　开本 880×1230　1/32
2018年11月第1次印刷　　印张 3 5/8

定价：40.00元

青年时期的黄永年先生

前言：司马迁和《史记》

公元前九十多年的时候，在我国出现了一部伟大的著作，那就是有名的《史记》。《史记》历来都被认为是一部历史名著（《二十四史》的第一部就是《史记》），但它却是运用了高度真实、优美的文学手法写成的，里面包含着无数感动人心的故事；所以它不单是一部宏伟的历史著作，而且也是中国文学史上一部异常优秀的现实主义文学杰作。《史记》产生的时代，小说还不发达，因此《史记》也和世界上其他古老国家所有的早期历史著作相似，起着小说的作用，对后代小说的成长起了推动的作用。二千年来，《史记》一直是中国人民热烈爱好的读物之一。这里的主要原因就是在于：首先，人们从它里面获得有关古代的许多较有系统的历史知识；其次，人们更从它获得艺术上的美妙的感受。应当承认，后一点是更其重要的，因为假如没有高度的艺术成就，《史记》的历史价值不可能如此巨大。真的，《史记》里面所记载的那些可歌可泣的历史故事，作者以其濡染大笔所加意描绘着的那些可敬可爱的古代英雄形象，不是一直活在中国人民的心中吗？举例来说，戏剧是与人民最为接近的一种艺术形式，它选取题材必须为人民喜闻乐见，否则必定遭受人民的唾弃、厌恶；而中国戏剧恰恰从《史记》里汲取了大量的题材。从著名的元朝杂剧（"元曲"）起，《史记》的故事一直成为中国戏剧舞台上的不朽题材。现代的话剧也不例外。郭沫若所写的几出动人心魄的史剧，其中就有四出出自《史记》的故事，那就是：描写聂政代友报仇的《棠棣之花》，描写信陵君救赵的《虎符》，描写高渐离击秦王的《筑》，还有描写伟大爱国诗人生平的《屈原》。戏剧作家为什么这样喜爱《史记》的故事呢？这理由是不难说明的，因为《史记》的故事受到中国人民的热烈爱好，《史记》所描绘的英雄是人民的英雄。正是由于《史记》的卓绝的艺术加工，许多历史故事和历史人物获得了永久的、光辉的生命。

《史记》的作者是司马迁。他是一个学识广博、态度谨严的历史学家；同时他又是一个古典现实主义文学的大师，中国古代的散文，到他手中方才达到一种气魄雄伟、变化无穷、富有活力的完整的表现形式。

作为一个伟大的历史学家和现实主义作家，司马迁在他的《史记》中发扬了可贵的民主主义倾向和面向专制帝王斗争的反抗精神。他敢于揭露历史的矛盾，尤其是他所经历着的那个时代的矛盾——贵族、地主阶级和农民阶级的矛盾以及贵族、地主阶级内部的矛盾。他敢于辛辣地抨击、讽刺统治阶级集团的一切罪恶，揭发他们的丑恶面目。他非常注意人民的生活，同情广大人民在统治阶级残酷剥削下的痛苦，因此他对统治阶级损害及压迫人民的行为常常提出尖锐的批评。平民的历史，在他笔下受到极大的重视。他一再指出，平民——普通人，比统治阶级集团的组成分子具有更多的优美品质；越是在统治阶级视为微贱人物的身上，他越能发现他们纯朴、真诚的高贵品质。还在《史记》没有公开传布以前，统治阶级已经因为书中记载了他们的罪恶行为而感到不满，抽毁了其中暴露最多的《景帝本纪》和《今上（武帝）本纪》。其后，汉末统治阶级的代表王允，更公开宣称它是一部"谤书"，说道："可惜武帝没有杀掉司马迁，让他做'谤书'流传后世！"当然，事实证明，统治阶级的不满丝毫不能贬低司马迁和《史记》的光辉价值。司马迁和《史记》所以能够受到世世代代中国人民的尊敬与热爱，那主要就是因为他和他的著作的这种鲜明的思想性方面的特色。

司马迁在中国史家中，是最早具有较为正确史观的历史学家。他在一定程度上认识了历史事件的变化、发展和联系的原因。他对历史的看法是：从历史事件的开始去观察它的结果，从它的兴盛去观察它的衰败；他认为当历史进入衰败的阶段就一定要发生变动。历史变动的基本规律——因果律，他是已经意识到了的。因此，他能看出一些推动历史前进的力量。他把秦末农民起义的领袖抬到很高的地位去叙述，因为他知道动摇秦帝国统治基础的根本原因，就是秦末的农民起义。他更不断用历史事实表明：谁要是妄想阻碍历史的变革和前进，就必然遭遇灭亡的命运。他对经济在历史中的作用给予相当的重视。汉武帝的对外扩张，他已经隐然看出，这是帝国内部财富的积累、工商业的发达和统治阶级奢侈多欲的结果。他更把人们各色各样的活动，总的解释为受着财货欲望的驱使。

祖国古代科学的发展，也受到他的注意。古代科学家在天文学、医学和农业技术等方面的成就，他虽然不能很细密地加以记载，但都尽可能做了叙述。应当指出，他自己本人就是一个卓越的天文学家。今天通行的"夏历"，就是他和其他天文学家们共同制订的。

一般地讲，司马迁在古代学者中间具有比较科学的头脑，叙述历史，不掺杂迷信的成分。他对神话、传说的采用，抱着审慎的态度。趣味浓郁，然而显见是荒诞不经的神话、传说，他宁可放弃；即使有时记录下来，也用存疑的态度，让读者看出，它们并不是十分可靠的。

司马迁第一次比较全面地总结了祖国从上古到汉朝的政治、经济、文化及科学等方面的各项成就。在此以前，孔子曾把上古时代的祖国文献，做了一次初步的整理；司马迁则在更为广泛的基础上，进一步完成了这项工作。而这项包罗方面如此之广的总结，是大大帮助了后代人们在各种工作上的继续前进的。在他笔下记述的祖国先民们的各项伟大劳绩，更培养和鼓舞着历代人们的爱国主义精神。

司马迁创立了中国古代历史著作的完整体例——纪传体。什么是纪传体呢？就是：用"本纪"记帝王，用"世家"记侯国,用"列传"记各种各样的人物,用"表"记时事,用"书"记制度。纪传体的体例在古代创立的意义是什么呢?就是突出人的活动,突出人在历史进程中的作用。纪传体的这个意义,在司马迁创立的当时,在历史学上,以至在人们的思想认识上,无疑是起有一种革新的进步作用的。那时人们的意识,还一直受着从古以来由于屈服于自然威力而产生的定命论思想的支配。突出人的活动和作用,就意味着在一定的程度上具有反抗定命论思想的意义。但也应当指出,司马迁在他的著作中仍旧时时流露出,他还没有足够的力量去摆脱定命论思想所给予他的不良影响。他还常用定命论去解释许多历史事件的进程和结果。这是时代加给他的限制。后来的封建统治阶级的历史家,利用了纪传体的体裁,却削弱了它的进步作用,把他们的历史著作——大部分即是所谓"正史"——变成了主要是叙述帝王和一些显贵人物活动的记载。这样,纪传体的积极意义无疑受到了歪曲。

作为一个历史家的司马迁的贡献,又是和他对文学的巨大贡献,密切地结合着的。

司马迁了解生活的意义,重视生活的体验,要求自己在丰富的生活基础上去深入理解历史人物的精神面貌。正是由于通过了对于生活的认识,他便赋予历史人物以血肉之体。因此,历史事件和历史人物在他笔下就具有了浮雕般的真实性,生动地展现在后代读者面前。《史记》里面有许多非常出色的篇章,显示着作者丰富的生活体验,饱含着作者的热烈情感,成为古典现实主义在中国文学发展史上的辉煌成就。

司马迁写作《史记》的目的，据他自己说，一方面是要忠实地整理、记述祖国的历史；另一方面则是希望通过这部著作来表现他自己的"文采"——文学的才能。这说明他实在是有意地要把《史记》写成一部杰出的文学作品。在这一方面，可以说，《史记》在文学方面的成功比起它在历史方面的成功，影响更要广泛而长远。

《史记》的本身，故事性就非常浓厚。司马迁在叙述这些动人故事的时候，突破了普通历史著作的平铺直叙的写法，在每一篇里都抓住一个突出的主题，加以细致、深刻地描写，成为一篇完整的艺术作品。所以，《史记》虽然是一部历史著作，可是并不是一部枯燥的、巨细无遗罗列着许多历史现象的流水账簿。它随时随地向读者展示历史进程中复杂事件的本质、人物性格的变化、时代背景的特色，还有关于社会生活内容的深刻的透视。现实主义的创作手法，成为司马迁写作的基本方法。

司马迁对人物的刻画，精细而又真实。各色各样的人，自皇帝、官吏、军人、文人、商人以至农民、倡优、奴隶、医卜星相等，都以他们本来的面目、语言在他的书里出现。他描写这些形形色色的人物，不仅反映了历史的真实，也达到了艺术的真实。因此，《史记》里出现的人物，不仅是历史的人物，同时也是经过一定程度艺术概括的有血有肉的人物。历史的真实和艺术的真实，在《史记》里得到了巧妙的糅合。

司马迁热情横溢、性格真诚，但却遭受统治阶级残酷的迫害。他对统治阶级充满着憎恨，他的书里放射着对统治阶级的愤怒火焰。在他描写的人物——虽然是历史的人物——身上，反映着他自己的强烈爱憎。他轻视那些高居人上、自以为不可一世的帝王、后妃、将相，毫不留情地把他们本来的丑恶面目，把他们无赖的、刻毒的、残忍的、凡庸的、愚昧的本性和作风，纤悉无遗地暴露出来。他极端痛恨那些以害人为专业的统治阶级集团的爪牙。他把同情给予那些被侮辱与被损害的人，把他们写得既可爱，又动人。《史记》的《游侠列传》前面有一篇序，很坦白地表明着他憎的是什么，爱的又是什么，序里的一段是："今游侠，其行虽不轨于正义，然其言必信，其行必果，已（拒人）诺（许人）必诚，不爱其躯，赴士之阨困；既已存亡死生矣，而不矜其能，羞伐其德，盖亦有足多（可称道）者焉。且缓急人之所时有也。太史公曰：昔者虞舜窘于井廪；伊尹负于鼎俎；傅说匿于傅险；吕尚困于棘津；夷吾桎梏；百里饭牛；仲尼畏匡，菜色陈、蔡。此皆学士所谓有道仁人也，犹然遭此菑（灾），况以中材而涉乱世之末流乎，其遇害何可胜道哉！鄙人（老百姓）有言曰：'何知仁义，已飨（享受）其利者为有德！'故伯夷丑周，饿死首阳山，而文、武不以其故贬王；跖、蹻暴戾，其徒诵义无穷。由此观之：'窃钩者诛，窃国者侯。侯之门，仁义存。'非虚言也！"

他这话说得真是愤慨极了，沉痛极了，如果不是一个站在人民的立场、有着强烈爱憎的人，他是不能说出这样既有见识、又有力量的话来的，这等于把所有封建统治阶级为欺骗人民而建立起来的虚伪道德观念彻底击溃了。而且这是在汉朝的封建统治秩序刚稳固不久时候说的，它所具有的现实意义就更为重大了。

《史记》，照司马迁自己的说法，是要成为"一家之言"的。他在书中每篇后面，都写了一篇"赞"，表示他对这一篇所写人物和事件的意见。有时他把他的意见写在文前的序里，有时则"夹叙夹议"地写在正文的叙述中间。用不同形式所表达出来的这些意见，就是他的"一家之言"。通过这些意见，或是明譬，或是暗喻，都锋利地表达了他自己的爱和憎。这就是司马迁为什么与封建时代的其他历史家不同的地方，因为他把他的爱憎——这爱憎和人民的爱憎是结合起来了的——深深地渗透在他的作品的每一篇章和每个人物身上。

司马迁在《史记》里所用的语言，在他那个时代，是通俗的、生动的，而且是富丽多彩的，具有极大的艺术感染力。这是司马迁从他自己深广的生活体验中汲取、提炼出来的。他深入民间，熟悉人民的生活，他的文章中所表现的那种明朗、高昂的格调，可以看出，是与人民生活中的健康、乐观的格调起着共鸣的。他记录了大量的民间谚语，显示出古代人民观察生活的无比智慧。他引用古籍，常常把较为生僻的字和句，翻译成当时通俗易晓的语言，为的是让一般人们都能了解，为的是让一般人们都能看懂他的著作。

《史记》更洋溢着浓郁的诗的气息，这便使得它所描写的故事更能扣动读者的心弦。《史记》里面充满着深厚的爱：爱祖国，爱人民，爱真理。深厚的人民性的爱，构成《史记》的现实主义基础。在这一点上，《史记》和古代伟大的诗篇《离骚》十分近似。司马迁和屈原有着精神上的密切联系。鲁迅称赞《史记》，说它是"史家之绝唱，无韵之《离骚》"。这批评是很正确的。

司马迁所创造的感情饱满、变化多端的现实主义描写手法，成为以后中国散文文学的典范。唐朝的传奇文、宋元的话本、明清的小说，直接继承并发扬着《史记》的现实主义文学传统，继承并发扬着《史记》的民主主义倾向和永不屈服的反抗精神。《史记》的散文体裁，直到这个世纪的初期，还是中国一般人们日常写作时学习、模仿的对象。唐宋的古文运动，它的最终目的，就是希望用《史记》的比较通俗、朴质的散文体裁来改变他们那个时代的浮华风气。今天，青年读者阅读《史记》，也许存在着某些语言隔阂的困难，但是，如果能够得到加有注释或是附有适当译文的本子（这种本子，相信不久就会有了），个别语言上的困难就会消除，而读者就能从它吸收到丰盛、有益的养料。

那么，司马迁是怎样一个人呢？《史记》是怎样写成的呢？《史记》中包容着哪些动人的故事呢？这些，下面将要加以介绍。

目录

时　代 ·· 1

世传的历史家 ·· 16

全国大游历 ·· 32

郎中·太史令 ·· 52

李陵案件 ·· 70

《史记》——生命写成的书 ················· 80

附录:《史记》概述 ···························· 86

后　语 ·································· 辛德勇　93

时　代

司马迁生活的时代，是一个辉煌的时代，但是也是一个阶级矛盾激烈发展着的时代。

公元前二〇六年，汉朝的统治阶级集团攫取了秦末农民大起义的胜利果实，统一全中国，建立了历史上有名的汉朝大帝国。农民起义的响亮号角，结束了一个旧时代，预告着这个新时代的诞生。农民起义最著名的领袖是雇农出身的陈胜。秦末农民起义的故事，在《史记》里占着一个显著的地位。

秦末农民起义的故事

陈胜者，阳城人也，字涉。吴广者，阳夏人也，字叔。

陈涉少时，尝与人佣耕，辍耕之垄上，怅恨久之，曰："苟富贵，无相忘！"庸者笑而应曰："若为庸耕，何富贵也！"陈涉太息曰："嗟乎，燕雀安知鸿鹄之志哉！"

二世元年七月，发闾左（每家一人）適（谪）戍渔阳九百人，屯大泽乡。陈胜、吴广皆次当行，为屯长。会天大雨，道不通，度已失期。失期，法皆斩。陈胜、吴广乃谋曰："今亡亦死，举大计亦死，等死（同样的死），死国可乎？"陈胜曰："天下苦秦久矣。吾闻二世，少子也，不当立；当立者乃公子扶苏。扶苏以数谏故，上使外将兵，今或闻无罪，二世杀之，百姓多闻其贤，未知其死也。项燕为楚将，数有功，爱士卒，楚人怜之，或以为死，或以为亡。今诚以吾众诈自称公子扶苏、项燕，为天下唱，宜多应者。"

吴广以为然，乃行卜。卜者知其指意，曰："足下事皆成，有功。然足下卜之鬼乎？"陈胜、吴广喜，念鬼，曰："此教我先威众耳。"乃丹书帛曰"陈胜王"，置人所罾（网）鱼腹中。卒买鱼，烹食，得鱼腹中书，固以怪之矣。又间（乘人不知）令吴广之次所旁丛祠中，夜篝（笼）火，狐鸣，呼曰："大楚兴，陈胜王！"卒皆夜惊恐。旦日，卒中往往语，皆指目陈胜。

吴广素爱人，士卒多为用者。将尉醉，广故数言欲亡，忿恚尉，令辱之，以激怒其众。尉果笞广。尉剑挺（拔），广起夺而杀尉。陈胜佐之，并杀两尉，召令徒属曰："公等遇雨，皆已失期。失期当斩。藉弟令毋斩，而戍死者固十六七。且壮士不死即已，死即举大名耳！王侯将相宁有种乎！"徒属皆曰："敬受命。"

乃诈称公子扶苏、项燕，从民欲也。袒右（袒露右臂）称大楚，为坛而盟，祭以尉首。陈胜自立为将军，吴广为都尉。攻大泽乡，收而攻蕲，蕲下（投降）；乃令符离人葛婴将兵徇（攻略）蕲以东，攻铚、酂、苦、柘、谯，皆下之。行收兵比至陈，车六七百乘，骑千余，卒数万人。攻陈，陈守令皆不在，独守丞与战谯门（城门）中，弗胜，守丞死，乃入据陈。

数日，号令召三老豪杰与皆来会计事。三老豪杰皆曰："将军身被坚执锐，伐无道，诛暴秦，复立楚国之社稷，功宜为王。"陈涉乃立为王，号为张楚（张大楚国）。

当此时，诸郡县苦秦吏者，皆刑其长吏杀之以应。陈涉乃以吴叔为假王，监诸将，以西击荥阳。令陈人武臣、张耳、陈馀徇赵地。令汝阴人邓宗徇九江郡。当此时，楚兵数千人为聚者，不可胜数。

…………

陈胜王凡六月。已为王，王陈。其故人尝与庸耕者，闻之，之陈，扣宫门曰："吾欲见涉。"宫门令欲缚之，自辩数，乃置（放掉），不肯为通。陈王出，遮道而呼涉。陈王闻之，乃召见，载与俱归。入宫，见殿屋帷帐，客曰："夥颐（呵哟）！涉之为王沈沈者（深远呵）！"楚人谓多为夥故。天下传之，"夥涉"为王，由陈涉始。客出入愈益发舒，言陈王故情。或说陈王曰："客愚无知，颛（专）妄言轻威。"陈王斩之。诸陈王故人皆自引去，由是无亲陈王者。

> 陈王以朱房为中正，胡武为司过，主司群臣。诸将徇地，至，令之不是者，系而罪之。以苛察为忠。其所不善者，弗下吏，辄自治之。陈王信用之。诸将以其故，不亲附，此其所以败也。
>
> 陈胜虽已死，其所置遣侯王将相竟亡秦，由涉首事也。
>
> ——《陈涉世家》

农民起义推翻了暴虐的秦朝政府，显示了农民力量的强大。汉朝统治阶级为了希望得到农民的拥护，废除了秦朝制订的苛刻政令，放宽对农民的压迫和剥削。汉朝统治阶级更提倡一种黄老的"清静无为"的思想（黄是黄帝，老是老子，道家尊奉他们做始祖，黄老思想即是道家思想），标榜"与民休息"，以此巩固统治地位。可是在实际上，"与民休息"的政策，对商人、地主十分有利，而农民仍旧遭受剥削。譬如地主纳税只要十五税一，后来更减为三十税一；农民向地主租佃土地，除掉付十分之五的田租外，还要负担其他烦重的赋役差费。商人则周流天下，囤积货物，与官吏勾结，放高利贷，剥削农民。汉朝统治阶级的"清静无为"、"与民休息"，实在只是一个好看的幌子，在这个幌子下，便利地主阶级对农民进行敲诈、兼并，逼迫大多数农民卖掉田宅妻子，受冻饿，穿破烂的衣服，吃猪狗吃的食物。可是汉朝的政令比起秦朝来得宽大，农民虽然痛苦，还没有起来反抗。

经过几十年的社会安定，农民继续过着穷困的生活，官僚、地主、商人却富裕了，整个统治阶级也富裕了，国家积累了巨量的财富，由初期的休养生息，走向繁荣富强。然而阶级矛盾，却也正在暗中以农民与官僚、地主、商人尖锐对立的形势深刻地发展着。统治阶级内部的矛盾也在逐步扩大：宫廷贵族和大地主集团把持政权，不肯放手；中小地主要求开放政权，让他们也有参加政府的机会。而商人无孔不入的牟利行为，严重侵害着贵族、地主阶级的利益；中小地主受商人剥削，更陷入破产的困境。汉朝统治阶级执行的"清静无为"的政策，到这时已经露出了破绽；统治阶级中，有一部分人已经感到有改变政策的必要了。因为这种政策再不改变，内部的裂痕就要扩大，农民痛苦加深，也就可能起来反抗了。

司马迁出生的时候，正就是这一个帝国势力达到富盛顶点，而内部矛盾也在迅速发展着的时代。他描写这一个时代统治阶级的富庶情况道：

> 汉兴七十余年之间，国家无事，非遇水旱之灾，民（中、小地主）则人给家足。都鄙廪庾（城乡粮仓）皆满，而府库余货财。京师之钱累巨万，贯朽而不可校（计数）。太仓之粟，陈陈相因，充溢露积于外，至腐败不可食。众庶街巷有马，阡陌之间成群，而乘字牝（小马、母马）者，傧而不得聚会。守闾阎者食粱肉，为吏者长子孙（子孙长大还不转职），居官者以为姓号。
>
> ——《平准书》

当时的京师长安，有万雉的城墙，城有十二道通门，三条广路，还有深阔的壕沟。城内街衢洞达，有九个市场，市场上货物堆得像山一般高。人不能看完，车不能走遍。满城充溢着富庶的气象。除长安外，全国有几十个繁盛的大都会。

手工业在这个时代也有高度的发展。冶铁工业发达，充分供应着全国的兵器及耕具。煮盐、纺织工业兴盛，丝织品特别精美。其他如榨油、制药等工业，都设有工场，大量制造。

可是，对照着这种丰饶的图景，另一面却也现出了这个时代的矛盾：农民贫困，中小地主不断破产。汉初政治家贾谊、晁错，都承认农民的痛苦，建议统治阶级想办法救济。但是统治阶级只愿救济濒于破产的中小地主，对赤贫的、没有土地的农民还是让他们过牛马般的生活：穿破衣，吃糟糠，喝野菜汤和凉水。

在这样丰饶的经济基础上，在国内贫富悬殊、阶级矛盾日趋尖锐的形势中间，公元前一三九年，雄才大略的汉武帝登上了皇位，展开了汉帝国五十多年中在各方面的波澜壮阔的活动。

作为统治阶级杰出代表的汉武帝，在他统治一开始，就面临着一个迫切需要解决的问题：怎样设法缓和国内的阶级矛盾？他知道他的父祖们所信奉的无为而治的黄老思想不适合他的时代了，应当代以较为积极有为的儒家思想。什么是黄老思想的统治作风呢？有一个著名的故事可以说明。汉初的曹参代替萧何做丞相。他选两个言辞木讷的人做他的助手。精明一点的官吏，他都罢免。他自己不管政事，日夜饮酒。有人来劝谏，他就灌酒,直到把劝谏他的人灌醉为止,不使对方开口讲话。人有小过,他不声张,代为掩盖。汉惠帝对他不满意,派他的儿子回去问他父亲道:"皇帝年少,你做丞相只知饮酒,何以忧天下呢!"曹参大怒,把儿子鞭打二百下,骂道:"快回去侍奉皇帝!天下事不是你应当讲的!"第二天朝见,汉惠帝责备曹参道:"为什么打你的儿子?是我叫他问的呵!"曹参脱下帽子谢罪,说道:"陛下自己思量及得上高帝圣武吗?"惠帝道:"我怎敢比先帝。"曹参又道:"陛下看臣与萧何谁贤呢?"惠帝道:"你好像不及萧何。"曹参道:"陛下说得对。高帝与萧何定天下,制订法令,全国遵行。现今陛下垂拱而治,臣等守职勿失,不是很好吗?"曹参的意思是:前人代我们订定了统治天下的良好办法,后人除了好好执行之外,还能做什么呢?惠帝听了,承认他的话有理,说道:"好了,依你的话做吧!"——这个故事当然还不够全面说明汉朝统治阶级黄老思想的内容,但大体上说明了这种安守本分的、消极的统治作风的一些特点。可以说,这就是黄老思想在政治上的具体表现。

儒家思想就不同了,比起黄老思想来,它是主张进取的,要求实行一种不是"清静无为",而是"强勉"的政策。用"强勉"二字来纠正黄老思想的消极作风,是儒家学者董仲舒向汉武帝提出的建议。汉武帝是实行了"强勉"政策的。他决意采用进取的政策来缓和国内的阶级矛盾。

他实行新的政策,却也经过了一番斗争。守旧的贵族反对他的革新政策。他的祖母窦太后——宫廷贵族的有力代表,是黄老思想的忠实信徒。她最反对儒家思想。连武帝的父亲景帝也不敢违拗她。有一次,她问儒家学者辕固生:"《老子》这书好吗?"辕固生随便答道:"不过是普通家人说的话罢了。"窦太后大怒道:"你敢用儒家的眼光来评判《老子》吗?"罚他入圈刺猪,刺不中就要治罪。幸亏汉景帝照顾辕固生,给他一把快刀,让他一下子把猪刺死。又有一次,大臣赵绾、王臧荐举儒家学者申公。汉武帝召见申公,询问如何缓和国内阶级矛盾的办法。申公答道:"多讲话是没有用处的,就看如何实行。"他的意思是劝武帝实行儒家政策。窦太后知道,大不满意,寻过错把赵绾、王臧关进监狱,逼令自杀。申公吓得告病回家。——这两件事说明,代表中小地主利益的儒家在夺取政治领导权时,曾经遭到原来霸占政治领导权的代表贵族、大地主、商人利益的黄老思想的执行者的激烈反对。

不过,当这一个黄老思想的最后也是最有势力的代表窦太后死后,儒家处于劣势地位的局面就被扭转过来了。汉武帝执行了儒家提出的"强勉"政策,公开排斥黄老思想和"清静无为"的政策。当然,儒家思想和黄老思想并不是绝对排斥的。当儒家思想在政治上击败了黄老思想后,后者统治人民的一套办法就被前者吸收过来,加以利用了。

汉武帝首先向中小地主开放政权,从他们里面选拔人才,使他的政府比起在他之前的汉朝政府显得较有生气。他选拔人才最有名的一个例子,就是把白衣治《春秋》的公孙弘,从一个普通的平民知识分子一下子提拔到丞相的高级职位。他又执行压制商人势力的政策,这是为了维护统治阶级集团和中小地主的利益。他把煮盐、冶铁、铸钱三大工业收归国有,严重打击商人,使他的政府收入大为增加,同时也部分挽救了中小地主被商人盘剥、兼并,趋于破产的命运。

他怎样对付统治阶级和农民的冲突呢?他利用蕴藏在中国人民身上那股无限雄伟的力量和国内劳动人民辛勤创造、积累起来的巨量财富,进行了一连串的对外扩张战争,使疆土扩展到达一倍左右,移殖了大批贫苦农民,把全国人民的注意力集中到对外战争的胜败上面。转移了农民的斗争目标,国内的阶级矛盾暂时得到了缓和。

汉武帝进行的对外扩张战争,是这个时代的大事。还有其他两个因素也刺激他进行这个战争。

一个因素是,从战国以来,匈奴一直是威胁中国的敌人,不断侵害着中国的安全,使中国人民遭受重大损失。中国人民普遍要求击退侵略者,保障祖国的安全。汉武帝的对外战争,得到人民这一种爱国愿望的支持。

另一个因素是,统治阶级由于财富丰饶产生了奢侈的欲望。脑满肠肥的统治阶级不再满足于国内的物质享受,要想追求异域的奇珍异宝了。为了所谓汗血马而发动的对西域的战争,就是一个典型的例子。

汗血马的故事

大宛在匈奴西南,在汉正西,去汉可万里。其俗土著耕田,田稻麦,有蒲陶(葡萄)酒,多善马。马汗血(出汗如血),其先天马子也。有城郭屋室。其属邑大小七十余城,众可数十万。其兵:弓矛骑射。

············

宛左右以蒲陶为酒,富人藏酒至万余石,久者数十岁不败。俗嗜酒,马嗜苜蓿。汉使取其实来,于是天子始种苜蓿、蒲陶肥饶地。及天马多,外国使来众,则离宫别观旁尽种蒲萄、苜蓿,极望(一望无边)。

自大宛以西,至安息国,虽颇异言,然大同俗,相知言。其人皆深眼多须頿(髯),善市贾,争分铢。俗贵女子。女子所言,而丈夫乃决正。其地皆无丝漆,不知铸钱器。及汉使亡卒降,教铸作他兵器。得汉黄白金,辄以为器,不用为币。而汉使者往既多,其少从率多进熟(赞美语)于天子,言曰:"宛有善马,在贰师城,匿不肯与汉使。"天子既好宛马,闻之甘心,使壮士车令等持千金及金马,以请宛王贰师城善马。

宛国饶汉物,相与谋曰:"汉去我远,而盐水中数败。出其北有胡寇,出其南乏水草,又且往往而绝邑乏食者多。汉使数百人为辈来,而常乏食,死者过半,是安能致大军乎?无奈我何。且贰师马,宛宝马也!"遂不肯予汉使。

汉使怒，妄言（骂詈），椎金马而去。宛贵人怒曰："汉使至轻我！"遣汉使去，令其东边郁成遮攻杀汉使，取其财物。

于是天子大怒。诸尝使宛姚定汉等言："宛兵弱。诚以汉兵，不过三千人，强弩射之，即尽虏破宛矣。"天子已尝使浞野侯攻楼兰，以七百骑先至，虏其王；以定汉等言为然。而欲侯宠姬李氏，拜李广利为贰师将军，发属国六千骑及郡国恶少年数万人，以往伐宛。期至贰师城取善马，故号贰师将军。赵始成为军正，故浩侯王恢使导军，而李哆为校尉，制军事。

是岁，太初元年也，而关东蝗大起，蜚西至敦煌。贰师将军军既西过盐水，当道小国恐，各坚城守，不肯给食，攻之不能下。下者得食，不下者数日则去。比至郁成，士至者不过数千，皆饥罢（疲）。攻郁成，郁成大破之，所杀伤甚众。贰师将军与哆、始成等计："至郁成尚不能举，况至其王都乎！"引兵而还。

往来二岁，还至敦煌，士不过什一二。使使上书言：道远，多乏食，且士卒不患战，患饥；人少不足以拔宛；愿且罢兵，益发而复往。天子闻之大怒，而使使遮玉门曰："军有敢入者辄斩之！"贰师恐，因留敦煌。

其夏，汉亡浞野之兵二万余于匈奴。公卿及议者皆愿罢击宛军，专力攻胡。天子已业诛宛，宛小国而不能下，则大夏之属轻汉，而宛善马绝不来，乌孙、仑头易苦汉使矣。为外国笑。乃案（处罚）言伐宛尤不便者邓光等，赦囚徒材官，益发恶少年及边骑。

岁余，而出敦煌者六万人，负私从者不与（私随者不在内）。牛十万，马三万余匹，驴骡橐它以万数。多赍粮，兵弩甚设。天下骚动，传相奉伐宛。凡五十余校尉。宛王城中无井，皆汲城外流水。于是乃遣水工，徙其城下水空，以空其城。益发戍甲卒十八万酒泉、张掖北，置居延、休屠，以卫酒泉。而发天下七科適（犯七科罪名的犯人），及载糒给贰师。转车人徒相连属至敦煌。而拜习马者二人为执驱校尉，备破宛，择取其善马云。

于是，贰师后复行。兵多，而所至小国莫不迎，出食给军。至仑头。仑头不下，攻数日，屠之。自此而西，平行至宛城，汉兵到者三万人。宛兵迎击汉兵，汉兵射败之。宛走入葆乘其城。贰师兵欲行攻郁成，恐留行，而令宛益生诈，乃先至宛，决其水源，移之；则宛固已忧困。围其城，攻之四十余日。其外城坏，虏宛贵人勇将煎靡。宛大恐，走入中城。

宛贵人相与谋曰："汉所为攻宛，以王毋寡匿善马，而杀汉使。今杀王毋寡，而出善马，汉兵宜解。即不解，乃力战而死未晚也。"宛贵人皆以为然，共杀其王毋寡，持其头，遣贵人使贰师，约曰："汉毋攻我，我尽出善马，恣所取；而给汉军食。即不听，我尽杀善马，而康居之救且至。至，我居内，康居居外，与汉军战。汉军熟计之，何从？"

是时康居候视汉兵,汉兵尚盛,不敢进。

贰师与赵始成、李哆等计:"闻宛城中新得秦人,知穿井;而其内食尚多。所为来诛首恶者毋寡,毋寡头已至。如此而不许解兵,则坚守,而康居候汉罢(疲)而来救宛,破汉军必矣。"军吏皆以为然,许宛之约。

宛乃出其善马,令汉自择之,而多出食,食给汉军。汉军取其善马数十匹,中马以下牡牝三千余匹。而立宛贵人之故待遇汉使善者名昧蔡以为宛王,与盟而罢兵。终不得入中城,乃罢而引归。

....

军入玉门者万余人,军马千余匹。……伐宛再反,凡四岁而得罢焉。

——《大宛列传》

缓和国内阶级矛盾,消灭匈奴侵略威胁和满足统治阶级的贪欲,这便是汉武帝发动对外战争的三个主要原因。可是,应当特别指出,这个时代对外战争中最沉重、最艰巨的任务,是由劳动人民承担着的。他们用他们的血汗和生命,支持了一连串的对外战争。如果没有他们的辛勤劳动,生产出大批物资供应全国;如果没有他们亲身参加、组成远征的队伍,并且英勇地献出自己的生命;那么,汉朝帝国在这一个阶段的对外战争是不可能得到胜利和成功的。——劳动人民的名字都被湮没了,不见经传;但是那些留下了名字、以他们卓越的才能与智慧为祖国这个时代的历史写下光荣一页的人物，还有这个时代一切伟大而惊人的成就，毫无疑问，都是广大劳动人民用他们的血汗和生命滋养、培植起来的。一句话，劳动人民创造了这个辉煌的时代。

对外战争在客观上起了推动历史前进的作用：首先，它大大鼓舞了全国人民的爱国热情，赶走了野蛮的侵略者，保障了中国的安全；其次，它扩大了中国的版图，促进了中国民族与其他各国民族的文化、思想、技术和物产等方面的广泛交流。

可是不能忘记，在对外战争的顺利进行中，仍给劳动人民带来了很大的苦难。有一次，汉武帝与臣子们讨论与匈奴的和战问题，博士狄山就说，由于连年不断的对外战争，中国内部空虚了，边境的人民大为贫困了。狄山的话透露了汉武帝功业的真实情况。那时，西北边境的贫民，到冬天连衣服也穿不上，整天钻在草窠里，官吏来了，必须出来谒见时，只好忍冷披草钻出窠来。其实何止只有边境人民受到苦难呢？全国各地的劳动人民都遭受着同样的苦难：耕种的吃不到粮食，纺织的穿不上衣裳。《史记》里借谴责秦国为名讽刺了汉武帝的"功业"：

> 于是外攘夷狄，内兴功业。海内之士力耕不足粮饷，女子纺绩不足衣服。古者尝竭天下之资财以奉其上，犹自以为不足也，无异故云。事势之流，相激使然，曷足怪焉！
>
> ——《平准书》

对外扩张战争，在表面上缓和了阶级矛盾，但汉朝统治阶级与农民尖锐对立的形势，并没有得到根本的消除。这在封建统治时代，是不可能得到根本消除的。而这种尖锐对立的形势，发展到最后，就必然导向另一次新的农民起义。

因此，这是一个辉煌的时代，但是也是一个阶级矛盾激烈发展着的时代。司马迁就是生活在这样的一个时代环境里。

世传的历史家

司马迁出生在公元前一四五年，六年后，汉武帝登上了皇位，他比司马迁大十二岁，司马迁死的时候，他还在位。这两个人，都给时代留下了巨大的影响。关于司马迁的生年，另有一说是在公元前一三五年；但多数学者都认为公元前一四五年一说近于事实。

司马迁字子长，他的出生地是左冯翊夏阳，就是现在陕西的韩城县，这是他的祖先已经居住了四百七十五年的地方。他的祖先，可以上溯到传说中颛顼时代职司天地的重、黎，这是最早的"史官"，他的初祖就是司地的黎。据说经过唐、虞、夏、商四代，重、黎的子孙都担任着同样的司理天地的官职。比较可靠的记载，是到周宣王时，他的祖先正式以司马为姓，典掌"周史"，兼管天文历算。这世代相传的专门职业，由于时代发生变乱，曾经中断。周襄王、惠王之间，他的祖先为了避难，逃到晋国；后来分成三支，分居在赵、魏、秦三地。在秦的一支中，有名错的，即是司马迁的七世祖，曾与号称口才最好的辩士张仪在秦惠王面前辩论征伐蜀地的利害问题，终于辩胜张仪，说服惠王，派他带兵攻取蜀地。他的孙儿司马靳，是秦将白起的部下，跟随白起在长平活埋赵卒四十万，后与白起同被赐死。靳孙昌，曾任秦朝主铁官。昌子无泽，任汉朝汉市长。无泽子喜，任汉朝五大夫。喜子谈，就是司马迁的父亲了。到司马谈，方才重新拾起中断已久的他的远祖们所世代相传的天官（即史官）事业。他的祖先和父亲的职业，也就决定了司马迁日后在这个背景壮阔的时代里所应努力追求的方向。

史官，在当时的统治阶级和一般流俗的眼光看来，并不是一件高尚的职业。古代的史官，大都兼管天文星历和占卜的事，这就使得他们的身份近乎算命卜卦的巫人。巫人是受人们轻视的。皇帝把史官看作受他畜养的倡优（会开玩笑，专供统治阶级取乐的人）一样，可以任意戏弄、侮辱。但是做史官的人，却以担任这一项职业自豪，感到自己责任的重大，丝毫不以统治阶级的戏侮、人们的贱视而减轻对事业的热爱。这最好用司马迁的话来说明。他说历史家的责任、历史家所要追求的目的，是探究天地、人事和古今的变化，成为一家之言。这是多么伟大的抱负！这最好也用还在司马迁之前的一些古代历史家的具体事例，来说明他们自己对史官职业有着怎样的尊严感与责任心。传说周成王小时候与弟弟叔虞游戏，拿一片桐叶刻成珪的样子，赐给叔虞，道："拿这封你。"当时的史官史佚听了，就请择日封叔虞。成王道："我是说着玩的。"史佚道："天子无戏言，言则史书之，礼成之，乐歌之。"成王只好依从，正式封拜叔虞。这可能只是传说，但却是一个第一次用具体的事例来表明了史官负责精神的很好传说。公元前六〇七年，赵盾的弟弟赵穿杀害了晋灵公，晋国史官董狐记载道："赵盾弑其君。"赵盾道："不是我杀的，我无罪。"董狐道："你是正卿，亡不出国境，返不诛国乱，不是你杀是谁杀的？"公元前五四八年，齐国叛臣崔杼把国王杀了，齐国太史便在史册上记道："崔杼弑庄公。"崔杼怒，把太史杀了；太史的弟弟照样写，崔杼又把他杀了；另一个弟弟接着仍是写。崔杼不敢再杀了。——这两件都是真实的历史事实，说明史官如何尽忠于自己的责任，甚至不惜用生命来维护它。另外，人们也可从这里看出，史官虽然为统治阶级服务，但是和统治阶级之间是存在着矛盾的：统治阶级因为他们记录真情实况而憎恶他们，所以故意压低他们的地位；可是史官为了忠实于自己的事业，便常常和统治阶级的利益发生冲突，这就养成他们一种传统的反抗精神。司马迁就是在这样一种优良的史官传统精神中教养长大的，所以他也非常热爱、重视自己的事业。

古代的历史家，他需要涉及的方面很广，所以必须具有多方面的知识。司马迁的父亲司马谈，是古代历史家中一个极为博学的人物。他曾经从有名的天文家唐都学天文，从有名的易学家杨何学《易经》，又从有名的道学家黄子学"道论"。他早年深受道家思想的影响，写了一篇《论六家要指》的论文，站在道家的立场，严格批判各家的学说，指出它们的优缺点，最后认为只有道家思想最为完善。他写道：

> 尝窃观阴阳之术大详，而众忌讳，使人拘而多所畏，然其序四时之大顺，不可失也。儒者博而寡要，劳而少功，是以其事难尽从，然其序君臣父子之礼，列夫妇长幼之别，不可易也。墨者俭而难遵，是以其事不可遍循，然其强本节用，不可废也。法家严而少恩，然其正君臣上下之分，不可改矣。名家使人俭，而善失真，然其正名实，不可不察也。道家使人精神专一，动合无形，赡足万物，其为术也，因阴阳之大顺，采儒墨之善，撮名法之要，与时迁移，应物变化，立俗施事，无所不宜，指约而易操，事少而功多。
>
> …………
>
> 道家无为，又曰无不为。其实易行，其辞难知，其术以虚无为本，以因循为用。无成势，无常形，故能究万物之情，不为物先，不为物后，故能为万物主。有法无法，因时为业，有度无度，因物与合。故曰："圣人不朽，时变是守。"

在这篇文章里面，司马谈对道家的推许，显然褒美得过分一些，但他对其他各家的评语，是下得中肯而精确的，不愧是一个大学者的深刻观察。他这样推崇道家，使他的儿子司马迁也受了很大的影响。因此司马迁后来在《史记》中不时地会流露出道家的一些见解，就是这个原因。

司马谈生平唯一的志愿，是写作一部记载"明主贤君忠臣死义之士"事迹的通史。他在公元前一四〇年到公元前一一〇年之间被任为负责管理历史资料及天文星历职务的太史令。他收集了很多史料，可是没有能够来得及完成他的志愿。他死在公元前一一〇年。临死的时候，他执着儿子的手，把自己的志愿告诉他："我的祖先是周代的太史，世代典掌天官职务。后来中断了，会不会到我断绝呢？你再做太史，就是继承我们祖先的光荣事业了。我死后，你一定接着做太史。做了太史，不要忘记我所要写作的史书呵！"司马迁哭着答道："小子虽然不敏，一定尽力完成先人的志愿。"

父亲谆谆嘱咐的遗命，坚定了司马迁做一个历史家和写作一部宏伟的《史记》的决心。

司马迁从小所受的教育，他的父亲所不断关心教导的，主要的就是历史方面的教育。这个教育包括两大项目：一项是史籍的训练，另一项是历史知识的灌输和历史故事的转述。司马迁在十岁就在父亲的指导下开始诵读《左传》、《国语》、《世本》等古代史籍，以后一直到二十几岁，他还跟随有名的学者学习《古文尚书》；史籍的学习奠定了他的广博的历史知识的基础。他的父亲更把古代的一些动人的历史故事灌输给这个少年，养成他对历史故事的爱好和对历史上那些英勇人物的同情与崇拜。在父亲叙述的这些动人故事之中，荆轲刺秦王的故事就是他的父亲根据目击这一惊人事件的秦皇御医夏无且的转述，然后讲给司马迁听的。

荆轲的故事

荆轲者，卫人也；其先乃齐人，徙于卫，卫人谓之庆卿。而之燕，燕人谓之荆卿。

荆卿好读书，击剑。以术说卫元君，卫元君不用。其后秦伐魏，置东郡，徙卫元君之支属于野王。荆轲尝游，过榆次，与盖聂论剑。盖聂怒而目之。荆轲出，人或言复召荆卿。盖聂曰："曩者吾与论剑，有不称者，吾目之。试往，是宜去，不敢留。"使使往之主人，荆卿则已驾而去榆次矣。使者还报，盖聂曰："固去也！吾曩者目摄之。"

荆轲游于邯郸。鲁句践与荆轲博，争道。鲁句践怒而叱之，荆轲嘿而逃去，遂不复会。

荆轲既至燕，爱燕之狗屠及善击筑者高渐离。荆轲嗜酒，日与狗屠及高渐离饮于燕市。酒酣以往，高渐离击筑，荆轲和而歌于市中，相乐也。已而相泣，旁若无人者。荆轲虽游于酒人乎，然其为人沈深好书，其所游诸侯，尽与其贤豪长者相结。其之燕，燕之处士田光先生亦善待之，知其非庸人也。

居顷之，会燕太子丹质秦，亡归燕。燕太子丹者，故尝质于赵；而秦王政生于赵。其少时与丹欢。及政立为秦王，而丹质于秦。秦王之遇燕太子丹不善，故丹怨而亡归。

归而求为报秦王者。国小，力不能。其后秦日出兵山东，以伐齐、楚、三晋，稍蚕食诸侯，且至于燕。燕君臣皆恐祸之至。太子丹患之，问其傅鞠武。……鞠武曰："……燕有田光先生，其为人智深而勇沈，可与谋。"太子曰："愿因太傅而得交于田先生可乎？"鞠武曰："敬诺。"出见田先生，道："太子愿图国事于先生也。"田光曰："敬奉教。"乃造（谒见）焉。

太子逢迎，却行为导，跪而蔽（拂）席。田光坐定，左右无人，太子避席而请曰："燕秦不两立，愿先生留意也。"田光曰："臣闻骐骥盛壮之时，一日而驰千里，至其衰老，驽马先之。今太子闻光盛壮之时，不知臣精已消亡矣。虽然，光不敢以图国事，所善荆卿可使也。"太子曰："愿因先生得结交于荆卿可乎？"田光曰："敬诺。"即起趋出。太子送至门，戒曰："丹所报，先生所言者，国之大事也，愿先生勿泄也！"田光俛而笑曰："诺。"偻行见荆卿曰："光与子相善，燕国莫不知。今太子闻光壮盛之时，不知吾形已不逮也，幸而教之曰：'燕秦不两立，愿先生留意也。'光窃不自外，言足下于太子也，愿足下过太子于宫。"荆轲曰："谨奉教。"田光曰："吾闻之：长者为行，不使人疑之。今太子告光曰：'所言者国之大事也，愿先生勿泄。'是太子疑光也。夫为行而使人疑之，非节侠也！"欲自杀以激荆卿，曰："愿足下急过太子，言光已死，明不言也！"因遂自刎而死。

荆轲遂见太子，言田光已死，致光之言。太子再拜而跪，膝行流涕，有顷，而后言曰："丹所以诫田先生毋言者，欲以成大事之谋也。今田先生以死明不言，岂丹之心哉！"荆轲坐定。太子避席顿首曰："田先生不知丹之不肖，使得至前，敢有所道，此天之所以哀燕而不弃其孤也。今秦有贪利之心，而欲不可足也，非尽天下之地，臣海内之王者，其意不厌。……燕小弱，数困于兵。今计举国不足以当秦。诸侯服秦，莫敢合从。丹之私计，愚以为诚得天下之勇士，使于秦，窥（诱）以重利，秦王贪，其势必得所愿矣。诚得劫秦王，使悉反诸侯侵地，若曹沫之与齐桓公，则大善矣；则不可，因而刺杀之。彼秦大将擅兵于外，而内有乱，则君臣相疑，以其间，诸侯得合从，其破秦必矣。此丹之上愿，而不知所委命，唯荆卿留意焉。"久之，荆轲曰："此国之大事也，臣驽下，恐不足任使。"太子前顿首，固请毋让，然后许诺。

于是，尊荆卿为上卿，舍上舍。太子日造门下，供太牢，具异物，间进车骑美女，恣荆卿所欲，以顺适其意。

久之，荆轲未有行意。秦将王翦破赵，虏赵王，尽收入其地，进兵北略地，至燕南界。太子丹恐惧，乃请荆轲曰："秦兵旦暮渡易水，则虽欲长侍足下，岂可得哉？"荆轲曰："微太子言，臣愿谒之。今行而毋信，则秦未可亲也。夫樊将军，秦王购之金千斤，邑万家，诚得樊将军首与燕督亢之地图，奉献秦王，秦王必说（悦），见臣，臣乃得有以报。"

太子曰："樊将军穷困来归丹，丹不忍以己之私而伤长者之意，愿足下更虑之。"

荆轲知太子不忍，乃遂私见樊於期曰："秦之遇（待遇）将军可谓深矣，父母宗族皆为戮没。今闻购将军首，金千斤、邑万家，将奈何？"於期仰天太息流涕曰："於期每念之，常痛于骨髓，顾计不知所出耳。"荆轲曰："今有一言，可以解燕国之患，报将军之仇者，何如？"於期乃前曰："为之奈何？"荆轲曰："愿得将军之首以献秦王，秦王必喜而见臣。臣左手把其袖，右手揕（刺）其胸，然则将军之仇报，而燕见陵之愧除矣。将军岂有意乎？"樊於期偏袒搤捥（露臂握拳）而进曰："此臣之日夜切齿腐心也，乃今得闻教。"遂自刭。太子闻之，驰往，伏尸而哭，极哀。既已，不可奈何，乃遂盛樊於期首，函封之。

于是太子豫求天下之利匕首，得赵人徐夫人匕首，取之百金，使工以药焠（涂染）之。以试人，血濡缕，人无不立死者。乃装为遣荆卿。燕国有勇士秦舞阳，年十三，杀人，人不敢忤视。乃令秦舞阳为副。荆轲有所待，欲与俱；其人居远未来。而为治行，顷之未发。太子迟之，疑其改悔，乃复请曰："日已尽矣，荆卿岂有意哉？丹请得先遣秦舞阳。"荆轲怒，叱太子曰："何太子之遣往而不返者，竖子也！且提一匕首入不测之强秦，仆所以留者，待吾客与俱。今太子迟之，请辞决矣！"遂发。

太子及宾客知其事者，皆白衣冠以送之，至易水之上，既祖取道。高渐离击筑，荆轲和而歌，为变徵（高厉）之声，士皆垂泪涕泣。又前而为歌曰：

"风萧萧兮易水寒，壮士一去兮不复还！"

复为羽声慷慨，士皆瞋目，发尽上指冠。于是荆轲就车而去，终已不顾。

遂至秦，持千金之资币物，厚遗秦王宠臣中庶子蒙嘉。嘉为先言于秦王曰："燕王诚振怖大王之威，不敢举兵以逆军吏，愿举国为内臣，比诸侯之列，给贡职如郡县，而得奉守先王之宗庙。恐惧不敢自陈，谨斩樊於期之头，及献燕督亢之地图，函封。燕王拜送于庭，使使以闻大王，唯大王命之。"秦王闻之大喜，乃朝服设九宾，见燕使者咸阳宫。

荆轲奉樊於期头函，而秦舞阳奉地图柙，以次进，至陛，秦舞阳色变振恐。群臣怪之。荆轲顾笑舞阳，前谢曰："北蕃蛮夷之鄙人，未尝见天子，故振慴，愿大王少假借之，使得毕使于前。"秦王谓轲曰："取舞阳所持地图！"

轲既取图奏之，秦王发图，图穷而匕首见，因左手把秦王之袖，而右手持匕首揕之。未至身，秦王惊，自引而起，袖绝，拔剑，剑长，操其室，时惶急，剑坚，故不可立拔。荆轲逐秦王，秦王环柱而走。群臣皆愕，卒起不意，尽失其度。而秦法，群臣侍殿上者，不得持尺寸之兵。诸郎中执兵皆陈殿下，非有诏召，不得上。方急时，不及召下兵，以故荆轲乃逐秦王，而卒惶急，无以击轲，而以手共搏之。是时侍医夏无且,以其所奉药囊提(掷)荆轲也。秦王方环柱走,卒惶急不知所为。左右乃曰:"王负剑!"负剑,遂拔以击荆轲,断其左股。

荆轲废,乃引其匕首以擿(掷)秦王。不中,中铜柱。秦王复击轲,轲被八创。轲自知事不就,倚柱而笑,箕踞(蹲坐)以骂曰:"事所以不成者,以欲生劫之,必得约契以报太子也!"于是左右既前杀轲。

秦王不怡者良久,已而论功赏群臣及当坐者各有差,而赐夏无且黄金二百溢,曰:"无且爱我,乃以药囊提荆轲也。"

于是秦王大怒,益发兵诣赵,诏王翦军以伐燕。……其后李信追丹,丹匿衍水中。燕王乃使使斩太子丹,欲献之秦。秦复进兵攻之。后五年,秦卒灭燕,虏燕王喜。其明年,秦并天下,立号为皇帝。于是秦逐太子丹、荆轲之客,皆亡。

——《刺客列传》

高渐离的故事

高渐离变名姓,为人庸保(酒保),匿作于宋子。久之,作苦,闻其家堂上客击筑,傍徨不能去。每出言曰:"彼有善有不善。"从者以告其主,曰:"彼庸乃知音,窃言是非!"家丈人(主人)召使前击筑,一坐称善,赐酒。

而高渐离念久隐，畏约（贫贱俭约）无穷时，乃退，出其装匣中筑，与其善衣，更容貌而前。举坐客皆惊，下与抗礼，以为上客，使击筑而歌。客无不流涕而去者。宋子传客之（大家请他做客）。

闻于秦始皇。秦始皇召见。人有识者，乃曰："高渐离也。"秦皇帝惜其善击筑，重赦之。乃矐（用马屎熏瞎）其目，使击筑，未尝不称善。称益近之。

高渐离乃以铅置筑中，复进，得近，举筑，朴（击）秦皇帝，不中。于是遂诛高渐离。终身不复近诸侯之人。

——《刺客列传》

这些口头相传的悲壮的历史故事，这些受到人民歌颂的用生命去反抗专制帝王的平民英雄，无疑地给予了少年司马迁以很大的影响，使他将来不断歌颂这些为人民所爱戴的英雄人物。

司马迁在故乡夏阳，曾经度过了一段耕种、放牧的生活。我们对他这段生活的详细情形和时间长短，还不能知道。但那时间大致是在十岁以后到他二十岁的时候。如果在这段期间，他真的和农民、牧童们融洽无间地生活在一起，那么他是亲身参与了当时受着统治阶级压迫、剥削的下层人民的生活。这对他是一种培养他的人民性的活生生的教育。

在夏阳耕牧生活的最后一年，司马迁遇见了那个有名的江湖大侠郭解。那是公元前一二七年，司马迁二十岁了。郭解受着官厅的追捕，在逃亡前把他的外祖家属送到夏阳安置。关于郭解的故事,是这个时代最为动人的故事之一,司马迁后来在《史记》里做了生动的描写。

郭解的故事

郭解,轵人也,字翁伯。善相人者许负外孙也。解父以任侠,孝文时诛死。解为人短小精悍,不饮酒。少时阴贼,慨不快意,身所杀甚众。以躯借交报仇,藏命作奸,剽攻不休,及铸钱掘冢,固不可胜数。适有天幸,窘急,常得脱,若(等到)遇赦。及解年长,更折节为俭,以德报怨,厚施而薄望。然其自喜为侠益甚。既已振(救)人之命,不矜其功。其阴贼著于心,卒(突然)发于睚眦(小怨)如故云。而少年慕其行,亦辄为报仇,不使知也。

解姊子负解之势,与人饮,使之嚼(喝光),非其任,强必灌之。人怒,拔刀刺杀解姊子,亡去。解姊怒曰:"以翁伯之义,人杀吾子,贼不得!"弃其尸于道,弗葬。欲以辱解。解使人微(侦查)知贼处。贼窘,自归,具以实告解。解曰:"公杀之固当。吾儿不直。"遂去其贼,罪其姊子,乃收而葬之。诸公闻之,皆多(器重)解之义,益附焉。

解出入,人皆避之。有一人独箕倨(踞坐不敬)视之。解遣人问其名姓。客欲杀之。解曰:"居邑屋至不见敬,是吾德不修也。彼何罪?"乃阴属尉史曰:"是人吾所急(关怀）也，至践更（担当徭役）时脱之。"每至践更，数过，吏弗求。怪之，问其故，乃解使脱之。箕踞者乃肉袒谢罪。少年闻之，愈益慕解之行。

雒阳人有相仇者，邑中贤豪居间者以十数，终不听。客乃见郭解。解夜见仇家。仇家曲听（屈曲听从）解。解乃谓仇家曰："吾闻雒阳诸公在此间（说情），多不听者。今子幸而听解，解奈何乃从他县夺人邑中贤大夫权乎？"乃夜去，不使人知，曰："且无用待我，待我去，令雒阳豪居其间，乃听之。"

解执恭敬，不敢乘车入其县廷。之旁郡国，为人请求事：事可出，出之；不可者，各厌（满足）其意。然后乃敢尝酒食。诸公以故严重之，争为用。邑中少年及旁近县贤豪，夜半过门常十余车，请得解客舍养之。

及徙豪富茂陵也，解家贫，不中訾（财产不够）。吏恐，不敢不徙。卫将军为言郭解家贫，不中徙。上曰："布衣权至使将军为言，此其家不贫！"解家遂徙。诸公送者，出千余万。轵人杨季主子为县掾，举徙解。解兄子断杨掾头。由此杨氏与郭氏为仇。

解入关，关中贤豪知与不知，闻其声，争交欢解。

解为人短小，不饮酒，出未尝有骑。已，又杀杨季主，杨季主家上书人，又杀之阙下。上闻，乃下吏捕解。解亡，置其母家室夏阳，身至临晋。临晋籍少公素不知解，解冒因求出关。籍少公已出解，解转入太原。所过辄告主人家。

> 吏逐之，迹至籍少公。少公自杀，口绝。久之，乃得解。穷治所犯，为解所杀，皆在赦前。
>
> 轵有儒生侍使者坐，客誉郭解。生曰："郭解专以奸犯公法，何谓贤？"解客闻，杀此生，断其舌。吏以此责解。解实不知杀者，杀者亦竟绝，莫知为谁。吏奏解无罪。御史大夫公孙弘议曰："解布衣为任侠，行权，以睚眦杀人。解虽弗知，此罪甚于解杀之。当大逆无道。"遂族郭解翁伯。
>
> ——《游侠列传》

郭解给少年司马迁深刻的印象。他后来回忆道：

> 吾视郭解，状貌不及中人，言语不足采者。然天下无贤与不肖，知与不知，皆慕其声。言侠者，皆引以为名。谚曰："人貌荣名，岂有既乎（容貌易衰，荣名无穷）！"於戏惜哉！
>
> ——《游侠列传》

看他对这个被统治阶级认为"大逆不道"的郭解，多么惋惜，多么依依不舍。这表示司马迁常常突破统治阶级虚伪、冷酷的道德教条，与人民的思想感情共同起伏。——当他还是一个青年的时候，他的思想感情与统治阶级的思想感情已经不尽相同了。正就是这一种带着反抗性的思想感情，使他没有成为一个阿谀、顺从的历史家，而是成为一个具有反抗性、斗争性的历史家了。

会见郭解后不久，二十岁的司马迁便离开了故乡夏阳，进入了更为广阔的生活天地。

全国大游历

二十岁，正是一个青年将次到达成熟的阶段，司马迁离开故乡，开始了在他的生命历程中占有重要地位的第一次的全国大游历。

据较早的记载，说他的父亲司马谈还在司马迁十三岁的时候，就命他乘着驿车，周游天下，寻求古代各国散佚的史料。但这传说是不可靠的。一个十三岁的儿童，怎能做如此大规模的游历？

可是，司马迁二十岁的这一次游历，可以相信，的确是出于父亲的决定和指示，这是没有问题的。如果没有父亲在精神上及物质上的支持，司马迁不可能进行这次全国大游历。那时司马谈正做太史令，勤勉地收集着历史资料，准备写作一部据他自己说来是记载"明主贤君忠臣死义之士"的历史。他对儿子的期望非常殷切，希望他能继承父祖们的光荣事业，成为一个杰出的历史家。所以他鼓励儿子去做一次全国性的大游历：

让他的儿子能够实地观察那些曾经发生过惊心动魄的历史事件的地点,熟悉那些历史事件的地理背景和当地的社会环境;藉漫游的机会去访查官方簿书中所不敢记载,但却更近于真实的民间对于历史人物和历史事件的评论及传说。司马谈鼓励儿子游历的用意就在这里。一个古代的历史家能够注意到生活体验对于历史写作的重要性,这不能不说是非常卓越的见识。

司马迁在父亲的鼓励和支持下出发了。

他的游踪,先到长江、淮河流域。渡过淮河、泗水,他到淮阴访问了韩信早年的遗事和遗迹。淮阴人告诉他,韩信贫贱时虽很穷困,但志气却已与众不同。他的母亲死了,无法安葬,而他还是寻找高敞的地点,埋葬母亲,要使坟旁可以安置万家。司马迁去看了韩母的坟墓,他想:"韩信早年的志气的确是大呵!"他又想:"如果韩信后来能够学到谦让的道德,不骄傲,不自以为了不起,那么他对汉朝的勋劳真是万世不灭的了。"他在《史记》中所描写的有关韩信早年的故事,是这次访问的收获。

韩信早年的故事

淮阴侯韩信者,淮阴人也。始为布衣时,贫无行,不得推择为吏;又不能治生商贾。常从人寄食饮,人多厌之者。常数从其下乡南昌亭长寄食。数月,亭长妻患之,乃晨炊蓐食(立刻吃掉)。食时,信往,不为具食。信亦知其意,怒,竟绝去。

信钓于城下。诸母漂(漂洗絮绵)。有一母见信饥,饭信,竟漂数十日。信喜,谓漂母曰:"吾必有以重报母。"母怒曰:"大丈夫不能自食,吾哀王孙而进食,岂望报乎!"

淮阴屠中少年有侮信者,曰:"若虽长大,好带刀创,中情怯耳!"众辱之,曰:"信能死,刺我;不能死,出我袴下。"于是信孰(长久)视之,俛(俯)出袴下蒲伏(匍匐)。一市人皆笑信,以为怯。

及项梁渡淮,信仗剑从之。居戏(麾)下,无所知名。项梁败,又属项羽。羽以为郎中。数以策干(献与)项羽。羽不用。

汉王之入蜀,信亡楚归汉,未得知名。为连敖(官名)。坐法当斩。其辈十三人,皆已斩,次至信。信乃仰视,适见滕公,曰:"上不欲就天下乎,何为斩壮士?"滕公奇其言,壮其貌,释而不斩;与语,大说之。言于上。上拜以为治粟都尉。上未之奇也。

信数与萧何语,何奇之。至南郑,诸将行道亡者数十人。信度何等已数言上,上不我用,即亡。何闻信亡,不及以闻,自追之。

人有言上曰:"丞相何亡。"上大怒,如失左右手。居一二日,何来谒上。上且怒且喜,骂何曰:"若亡,何也?"何曰:"臣不敢亡也,臣追亡者。"上曰:"若所追者谁？"何曰："韩信也。"上复骂曰："诸将亡者以十数，公无所追；追信，诈也！"何曰："诸将易得耳，至如信者，国士无双。王必欲长王汉中，无所事信；必欲争天下，非信无所与计事者。顾王策安所决耳。"王曰："吾亦欲东耳，安能郁郁久居此乎！"何曰："王计必欲东，能用信，信即留；不能用，信终亡耳。"王曰："吾为公，以为将。"何曰："虽为将，信必不留。"王曰："以为大将。"何曰："幸甚。"

于是，王欲召信拜之。何曰："王素慢无礼，今拜大将，如呼小儿耳，此乃信所以去也。王必欲拜之，择良日，斋戒，设坛场，具礼，乃可耳。"王许之。

诸将皆喜，人人各自以为得大将。至拜大将，乃韩信也。一军皆惊。

——《淮阴侯列传》

游历了江、淮，访问了韩信的故居后，司马迁南行到达了会稽。传说夏禹曾在这里会集诸侯，计算贡赋，死在这里。后人便把地名叫作会稽，会稽就是会计的意思。会稽山上有一个洞穴，深不见底。民间传闻，只有夏禹曾经深入洞穴，因此叫它"禹穴"。司马迁进禹穴去探索了夏禹的遗迹。会稽又是夏禹后裔越王勾践的都城。越王尝胆复仇是战国时有名的一个故事。这个故事使人认识：坚忍的毅力是战胜敌人的最好保证。司马迁在《史记》里叙述了这个故事后，赞美勾践道：

> 勾践苦身焦思，终灭强吴，北观兵中国，以尊周室，号称霸王。勾践可不谓贤哉！盖有禹之遗烈焉。
>
> ——《越世家》

离开会稽，司马迁到姑苏瞻望太湖。忠心耿耿的伍子胥，在这里被昏庸、自大的吴王夫差割下头颅，用马革裹起，沉入了湖底。可是吴国人民同情着这个英雄的悲壮的死，在太湖边为他立起了神祠；为永久纪念他，又把立祠的地方名成胥山。还有善知进退的范蠡，他帮助越王勾践攻灭了吴国，可是立即辞职远行了：他驾一叶扁舟泛游太湖之上，躲开了被越王猜忌、诛戮的危险，这个危险在封建统治时代，简直是做臣子的所不能避免的命运。还有专诸、西施这些英雄、美人的故事，也在吴地的人民中间流传着。可以想到，这些故事一定引起了司马迁很大的兴趣。

接着，他溯江而上，直抵长沙，到汨罗江畔凭吊爱国诗人屈原。屈原的诗篇，像《离骚》、《天问》、《招魂》、《哀郢》等，早已深深感动着这个青年人了。诗人的爱国主义精神，诗人壮烈的一生，都使这个青年人发生无限的敬仰。诗人的不朽诗篇，贯彻在诗篇中的诗人对祖国、对人民的巨大的爱情，都不住地激荡着这个青年人的心。他徘徊在诗人自沉的地方，想象诗人一生的悲痛遭遇，不禁凄然落下泪来。

屈原的故事

屈原者,名平,楚之同姓也。为楚怀王左徒。博闻强志,明于治乱,娴于辞令。入则与王图议国事,以出号令,出则接遇宾客,应对诸侯。王甚任之。

上官大夫与之同列,争宠,而心害其能。怀王使屈原造为宪令(法令)。屈平属草稿(写草稿)未定,上官大夫见而欲夺之。屈平不与。因谗之曰:"王使屈平为令,众莫不知。每一令出,平伐(夸说)其功,曰以为非我莫能为也。"王怒,而疏屈平。

屈平嫉王听之不聪也,谗谄之蔽明也,邪曲之害公也,方正之不容也,故忧愁幽思而作《离骚》。离骚者,犹离忧也。

夫天者人之始也,父母者人之本也。人穷则反本。故劳苦倦极,未尝不呼天也;疾痛惨怛(痛),未尝不呼父母也。屈平正道直行,竭忠尽智以事其君,谗人间之,可谓穷矣。信而见疑,忠而被谤,能无怨乎!屈平之作《离骚》,盖自怨生也。《国风》好色而不淫,《小雅》怨诽而不乱,若《离骚》者可谓兼之矣。上称帝喾,下道齐桓,中述汤、武,以刺世事,明道德之广崇;治乱之条贯,靡不毕见。其文约,其辞微,其志絜,其行廉,其称文小,而其指极大;举类迩,而见义远。其志絜,故其称物芳;其行廉,故死而不容自疏。濯淖污泥之中,蝉蜕于浊秽,以浮游尘埃之外，不获（辱于）世之滋垢，皭然（洁白）泥而不滓者也。推此志也，虽与日月争光可也。

屈平既绌（贬官），其后秦欲伐齐，齐与楚从亲。惠王患之。乃令张仪详去秦，厚币委质事楚，曰："秦甚憎齐，齐与楚从亲。楚诚能绝齐，秦愿献商於之地六百里。"楚怀王贪而信张仪，遂绝齐。使使如秦受地。张仪诈之曰："仪与王约六里，不闻六百里。"楚使怒去，归告怀王。怀王怒，大兴师伐秦。秦发兵击之，大破楚师于丹、淅，斩首八万，虏楚将屈匄，遂取楚之汉中地。

怀王乃悉发国中兵，以深入击秦，战于蓝田。魏闻之，袭楚至邓。楚兵惧，自秦归。而齐竟怒不救楚。楚大困。

明年，秦割汉中地与楚以和。楚王曰："不愿得地，愿得张仪而甘心焉。"张仪闻，乃曰："以一仪而当汉中地，臣请往如楚。"如楚，又因厚币用事者臣靳尚，而设诡辩于怀王之宠姬郑袖。怀王竟听郑袖，复释去张仪。

是时，屈平既疏，不复在位，使于齐。顾反（等到回来），谏怀王曰："何不杀张仪？"怀王悔，追张仪不及。其后诸侯共击楚，大破之，杀其将唐昧。

时秦昭王与楚婚，欲与怀王会。怀王欲行。屈平曰："秦虎狼之国，不可信，不如毋行。"怀王稚子子兰，劝王行："奈何绝秦欢？"怀王卒行。入武关，秦伏兵绝其后，因留怀王以求割地。怀王怒不听，亡走赵。赵不内（纳）。复之秦，竟死于秦而归葬。

长子顷襄王立，以其弟子兰为令尹。楚人既咎子兰以劝怀王入秦而不反（归）也。屈平既嫉之，虽放流，眷顾（恳切怀念）楚国，系心怀王，不忘欲反，冀幸君之一悟，俗之一改也。其存君兴国，而欲反覆之，一篇之中三致志焉。然终无可奈何，故不可以反，卒以此见怀王之终不悟也。

....

令尹子兰闻之，大怒，卒使上官大夫短屈原于顷襄王。顷襄王怒而迁之。屈原至于江滨，被发行吟泽畔，颜色憔悴，形容枯槁。渔父见而问之曰："子非三闾大夫欤，何故而至此？"屈原曰："举世混浊，而我独清；众人皆醉，而我独醒。是以见放。"渔父曰："夫圣人者，不凝滞于物，而能与世推移。举世混浊，何不随其流而扬其波；众人皆醉，何不餔（食）其糟（酒糟）而啜（饮）其醨（薄酒）。何故怀瑾握瑜（怀抱美玉）而自令见放为？"屈原曰："吾闻之：新沐者必弹冠，新浴者必振衣。人又谁能以身之察察（洁净），受物之汶汶（昏暗）者乎？宁赴常（长）流而葬乎江鱼腹中耳，又安能以皓皓之白而蒙世俗之温蠖（尘埃）乎？"……于是怀石，遂自投汨罗以死。

——《屈原列传》

这就是司马迁笔下的屈原。关于屈原的事迹，过去是没有记载的，这都是经由司马迁的亲身采访，方才使得这个祖国第一个伟大的爱国诗人的一生清楚地显现出来，从此人们方才进一步认识了诗人的伟大。司马迁在叙述诗人一生事迹的中间，发表自己的感想道：

> 人君无愚、智、贤、不肖，莫不欲求忠以自为，举贤以自佐。然亡国破家相随属，而圣君、治国，累世而不见者，其所谓忠者不忠，而所谓贤者不贤也。怀王以不知忠臣之分，故内惑于郑袖，外欺于张仪，疏屈平而信上官大夫、令尹子兰，兵挫地削，亡其六郡，身客死于秦，为天下笑。此不知人之祸也！

他就是这样愤慨地责备了当时楚国的统治阶级的。

汉初的青年政论家贾谊，是很有政治抱负的人，他崇拜屈原，继承了屈原的直谏精神。他曾痛哭流涕地向汉文帝提出许多改革政治的建议。但是汉文帝听了人们的谗言，也疏远他，把他派到卑湿的长沙去做长沙王太傅。贾谊到长沙，沉痛地追悼了他所崇敬的屈原，不久，也郁郁而死了。司马迁从屈原连带想到了这个与屈原似乎遭逢着同样命运的青年政论家，后来便把他们二人合在一起写了一篇传记。

接着，司马迁南上泛游沅水、湘水。他到湘水上游的九疑山去瞻仰了虞舜的葬地，访寻古代留下的册文。他对祖国先贤的创造，以及先贤们留下的淳厚风俗，经过实地的考察，发生很大的敬意。当他后来有机会瞻仰了黄帝和唐尧的传说地点后，

他就把他前后的观察汇合拢来，赞美道："至长老皆各往往称黄帝、尧、舜之处，风教固殊焉！"（《五帝本纪》）

周游了南方，司马迁回头走向中国的北方。他渡过汶水和泗水，来到了儒家发源地的齐、鲁之都。时代风气的影响，父亲由道家转变到儒家立场所给予他的教育，已经把他教养成一个儒家的学生了。来到这里，他以一个青年学生的身份，恭敬地向老师宿儒们请教学业。他日后对儒家精神积极面的认识，应当说，就是这次他在齐、鲁等处实地考察、体会的结果。提起儒家，人们脑海中就会浮现出一个迂腐、固执的读书人的形象来。但是这样来评价儒家是不够踏实的。当秦末农民大起义的时候，各阶层人士都被震动起来了。鲁国的儒生抱着孔子的礼器，也兴奋地参加了陈胜的起义队伍，反抗秦朝的暴虐统治。孔子的后裔孔甲，做了农民领袖陈胜的博士，与陈胜一同殉难。这是什么原因呢？等到汉高祖灭项羽，举兵围鲁，但围城里面没有停止讲习礼乐，弦歌之声不绝，对死亡的威胁似乎没有放在心上。这又是什么原因呢？可见儒家也有它较为积极的一面，它在历史进展的途程中发生过一定的进步作用。这些，司马迁后来在他的《史记》里是恰当地指出来了。

对司马迁来说，游历齐、鲁，使他最感兴趣的，当然还在于瞻仰孔子的遗迹，研究孔子的行为和学说，以及观察孔子所推行的礼乐教育在这个地区所起的教化作用。他参观了孔子的庙堂和车服礼器，用这来印证他对孔子的认识，想象他的为人。他又看到当地的儒生，怎样实行着孔子的教育方法，按时学习礼仪。他也跟随了这班儒生，练习乡射的礼节。所有这一切，的确使得司马迁对儒家、特别是对孔子，得到一个比较近于历史真实的认识。他所描写的孔子故事，没有把孔子神化，也没有把他当成一个高不可攀的偶像，只是着意刻画了孔子的栖栖皇皇、不知疲倦的教育精神，就证明齐、鲁之游给他很大的收获。他后来在孔子传后赞道："《诗》有之：高山仰止，景行行止；虽不能至，然心向往之。余读孔氏书，想见其为人。适鲁，观仲尼庙堂、车服、礼器，诸生以时习礼其家。余低回留之，不能去云。天下君王至于贤人众矣，当时则荣，没则已焉。孔子布衣传十余世，学者宗之。自天子王侯中国言六艺者，折中于夫子。可谓至圣矣！"

孔子曾经在陈国遭到困厄，司马迁在他的游历途中，也一度遭到了饥困。可是这并没有挫折他的游历热情，他仍然兴致勃勃地继续进行着他的考察和访问。

他来到了薛地。这是好客的孟尝君的故乡和封邑。这个地方因孟尝君而有名于世，闾里间多的是暴桀子弟，风俗与齐、鲁等地完全不同了。司马迁在这里听到老年人告诉他，孟尝君大量招致天下的侠客、豪杰，有六万余家迁入了薛城，造成这个地方的特殊的豪强风气。关于孟尝君的故事，是这个时代的人们所乐意传诵着的故事之一，《史记》里是叙述了的。

孟尝君的故事

初,田婴有子四十余人。其贱妾有子名文,文以五月五日生。婴告其母曰:"勿举(抚养)也。"其母窃举生之。

及长,其母因兄弟而见其子文于婴。田婴怒其母曰:"吾令若去此子,而敢生之,何也?"文顿首,因曰:"君所以不举五月子者,何故?"婴曰:"五月子者,长与户齐,将不利其父母。"文曰:"人生受命于天乎,将受命于户邪?"婴嘿(默)然。文曰:"必受命于天,君何忧焉。必受命于户,则可高其户耳,谁能至者?"婴曰:"子休矣(别讲了)!"

久之,文承间问其父婴曰:"子之子为何?"曰:"为孙。""孙之孙为何?"曰:"为玄孙。""玄孙之孙为何?"曰:"不能知也。"文曰:"君用事相齐,至今三王矣,齐不加广,而君私家富累万金,门下不见一贤者。文闻将门必有将,相门必有相。今君后宫蹈绮縠,而士不得短褐;仆妾余粱肉,而士不厌(常吃)糟糠。今君又尚厚积余藏,欲以遗所不知何人,而忘公家之事日损。文窃怪之。"

于是,婴乃礼文,使主家,待宾客。宾客日进,名声闻于诸侯。诸侯皆使人请薛公田婴,以文为太子。婴许之。婴卒,谥为靖郭君,而文果代立于薛,是为孟尝君。

孟尝君在薛,招致诸侯宾客,及亡人有罪者,皆归孟尝君。孟尝君舍业厚遇之,以故倾天下之士。食客数千人,无贵贱，一与文等。

孟尝君待客坐语，而屏风后常有侍史，主记君所与客语，问亲戚居处。客去，孟尝君已使使存问献遗其亲戚。

孟尝君曾待客夜食，有一人蔽火光。客怒，以饭不等（不同），辍食辞去。孟尝君起，自持其饭比之。客惭，自刭。士以此多归孟尝君。

孟尝君客无所择，皆善遇之。人人各自以为孟尝君亲己。

——《孟尝君列传》

这以后，司马迁走向彭城。彭城的丰县和沛县，是汉高祖的故乡，汉初统治阶级集团的中坚分子樊哙、郦商、夏侯婴、灌婴、周勃、萧何、曹参等人，都是在这里生长或是在这里参加起义的。民间流传着有关他们早年的许多故事。这些故事，对于了解汉初统治阶级集团组成分子的阶级出身和他们阶级心理的变化，可说是非常珍贵的资料，那在官方簿书的记载里是不可能见到的。

汉高祖是怎样的人呢？司马迁听到人们带着很大的兴趣来谈论这个平民出身的皇帝的早年故事：汉高祖喜欢戏弄和欺侮人们。他爱好酒色，常从一个姓王的老婆婆赊酒。但他度量宽宏。他做泗水亭长，送差役到咸阳，见着秦始皇壮丽的车驾，不禁叹道："唉，大丈夫应当这样呵！"吕公到沛县令处做客，县里的豪杰、属吏都去庆贺。萧何担任主吏，接收礼物，规定不满千钱的，坐在堂下。汉高祖诈道："我贺一万！"吕公听人送礼一万，大惊，亲自出来迎接。他看见汉高祖相貌好，愿把女儿嫁给他。吕母不同意，和吕公吵了一架。但是吕公还是把女儿嫁给汉高祖了。这就是吕后。萧何也很看重汉高祖，常常在公事上回护他。汉高祖送差役去咸阳，别人只送奉钱三百文，萧何独送五百文。后来汉高祖为这二百文多封给萧何二千户食邑，作为报谢。

环绕着汉高祖的统治集团，是些什么出身的人呢？原来萧何是沛县的一个刀笔小吏；曹参是沛县的一个狱吏；周勃靠织苇草为生，人家有丧事，常去吹箫；樊哙是屠狗的屠户；夏侯婴是马夫；灌婴是贩缯的商人。司马迁一个个去看了他们的坟墓，并且从当地的老年人那里打听了他们平日的行为。这次访问，对他日后写作他们的传记，有很大的帮助。通过这个统治集团早年的生活和他们后来的变化，可以了解他们参加农民起义的动机和最终篡夺了农民起义成果的过程。

从彭城出发，经过战国末年的楚地，司马迁去观光了战国四公子之一的春申君的故城宫室。宫室还完整地存在着，没有遭受破坏，司马迁发出了赞美的呼声："盛矣哉！"（《春申君列传》）

现在，他站在大梁城的废墟上了。大梁是战国时魏国的国都，本是繁盛的都会，可是现在却只剩下一片瓦砾了。大梁人告诉他大梁被毁的故事：这是由于秦国军队进攻大梁，大梁人民不肯屈服，于是秦兵决河水灌大梁城。大梁人民坚持了三个月，可是城墙坏了，魏王投降，大梁城便被毁了，魏国也灭亡了。——听着这个故事，青年司马迁好像在这里亲眼看到了一幕历史悲剧的图景。又有人对他说：魏国因为不重用信陵君，所以国势削弱了，最后终于灭亡。可是司马迁在这里研究了一下魏国的历史，认为这种说法不是正确的。他以为，当时天下的趋势，要求秦国平一海内，魏国虽有贤相，有什么用处呢？历史的进展，不是一二人的才力所能扭转、变更的。——这个见解，他后来写在那篇记载魏国历史的篇章里了。

可是，那个仁爱而且礼贤下士、不以富贵骄人的信陵君，司马迁在采访了他的故事后，是表示了不胜倾慕、赞叹之情的。

信陵君的故事

魏公子无忌者，魏昭王少子，而魏安釐王异母弟也。昭王薨，安釐王即位，封公子为信陵君。

是时，范雎亡魏相秦，以怨魏、齐故，秦兵围大梁，破魏华阳下军，走芒卯。魏王及公子患之。

公子为人，仁而下士。士无贤、不肖，皆谦而礼交之。不敢以其富贵骄士。士以此方数千里，争往归之，致食客三千人。当是时，诸侯以公子贤，多客，不敢加兵谋魏十余年。

公子与魏王博，而北境传举烽，言赵寇至，且入界。魏王释博，欲召大臣谋。公子止王曰："赵王田猎耳，非为寇也。"复博如故。王恐，心不在博。居顷，复从北方来传言曰："赵王猎耳，非为寇也。"魏王大惊曰："公子何以知之？"公子曰："臣之客有能探得赵王阴事者，赵王所为，客辄以报臣。臣以此知之。"是后魏王畏公子之贤能，不敢任公子以国政。

魏有隐士曰侯嬴，年七十，家贫，为大梁夷门监（守门）者。公子闻之，往请，欲厚遗之。不肯受，曰："臣修身洁行数十年，终不以监门困故，而受公子财。"

公子于是乃置酒，大会宾客。坐定，公子从车骑，虚左，自迎夷门侯生。侯生摄敝衣冠，直上载公子，上坐不让，欲以观公子。公子执辔愈恭。侯生又谓公子曰："臣有客在市屠中，愿枉车骑过之。"公子引车入市。侯生下见其客朱亥，俾倪（邪视）故久立，与其客语，微察公子。公子颜色愈和。当是时，魏将相宗室宾客满堂，待公子举酒；市人皆观公子执辔；从骑皆窃骂侯生。侯生视公子，色终不变。乃谢客就车，至家。

公子引侯生坐上坐，遍赞（介绍）宾客。宾客皆惊。酒酣，公子起为寿侯生前。侯生因谓公子曰："今日嬴之为公子亦足矣。嬴乃夷门抱关者也，而公子亲枉车骑，自迎嬴于众人广坐之中。不宜有所过（不值得如此厚待），今公子故过之。然嬴欲就公子之名，故久立公子车骑市中。过客以观公子，公子愈恭。市人皆以嬴为小人，而以公子为长者，能下士也。"于是罢酒，侯生遂为上客。

侯生谓公子曰："臣所过屠者朱亥，此子贤者，世莫能知，故隐屠间耳。"公子往数请之。朱亥故不复谢。公子怪之。

魏安釐王二十年，秦昭王已破赵长平军，又进兵围邯郸。公子姊为赵惠文王弟平原君夫人，数遗魏王及公子书，请救于魏。魏王使将军晋鄙，将十万众救赵。秦王使使者告魏王曰："吾攻赵，旦暮且下，而诸侯敢救者，已拔赵，必移兵先击之！"魏王恐，使人止晋鄙，留军壁邺。名为救赵，实持两端，以观望。

平原君使者冠盖相属（前后不断）于魏，让（责备）魏公子曰："胜所以自附为婚姻者，以公子之高义，为能急人之困。今邯郸旦暮降秦，而魏救不至，安在公子能急人之困也！且公子纵轻胜，弃之降秦，独不怜公子姊耶！"公子患之，数请魏王。及宾客辩士说王万端，魏王畏秦，终不听公子。

公子自度，终不能得之于王，计不独生而令赵亡。乃请宾客，约车骑百余乘，欲以客往赴秦军，与赵俱死。行过夷门，见侯生，具告所以欲死秦军状，辞决而行。侯生曰："公子勉之矣，老臣不能从。"公子行数里，心不快，曰："吾所以待侯生者备矣，天下莫不闻。今吾且死，而侯生曾无一言半辞送我。我岂有所失哉？"复引车还问侯生。侯生笑曰："臣固知公子之还也。"曰："公子喜士，名闻天下，今有难，无他端，而欲赴秦军，譬若以肉投馁虎，何功之有哉？尚安事（需）客？然公子遇臣厚，公子往而臣不送，以是知公子恨之复返也。"公子再拜，因问。侯生乃屏人间语（私语）曰："嬴闻晋鄙之兵符，常在王卧内，而如姬最幸，出入王卧内，力能窃之。嬴闻如姬父为人所杀，如姬资之（出赏额）三年，自王以下，欲求报其父仇，莫能得。如姬为公子泣，公子使客斩其仇头，敬进如姬。如姬之欲为公子死无所辞，顾未有路耳。公子诚一开口，请如姬，如姬必许诺。则得虎符，夺晋鄙军，北救赵而西却秦，此五霸之伐也。"

公子从其计，请如姬。如姬果盗晋鄙兵符与公子。公子行。侯生曰："将在外，主令有所不受，以便国家。公子即合符，而晋鄙不授公子兵，而复请之，事必危矣。臣客屠者朱亥，可与俱。此人力士。晋鄙听，大善；不听，可使击之。"于是公子泣。侯生曰："公子畏死耶，何泣也？"公子曰："晋鄙嚄唶（声威震人），宿将，往恐不听，必当杀之。是以泣耳。岂畏死哉？"

于是，公子请朱亥。朱亥笑曰："臣乃市井鼓刀屠者，而公子亲数存之。所以不报谢者，以为小礼无所用。今公子有急，此乃臣效命之秋也。"遂与公子俱。公子过谢侯生。侯生曰："臣宜从，老不能。请数公子行日，以至晋鄙军之日，北乡（向）自刭以送公子。"

公子遂行。至邺，矫魏王令代晋鄙。晋鄙合符，疑之，举手视公子曰："今吾拥十万之众，屯于境上，国之重任。今单车来代之，何如哉？"欲无听。朱亥袖四十斤铁椎，椎杀晋鄙。

　　公子遂将晋鄙军，勒兵，下令军中曰："父子俱在军中，父归；兄弟俱在军中，兄归；独子无兄弟，归养。"得选兵八万人，进兵击秦军。秦军解去。遂救邯郸存赵。……公子与侯生决，至军；侯生果北乡（向）自刭。

——《信陵君列传》

　　这真是一幕壮烈异常的故事。司马迁特地请求当地人指引他去凭吊了在这个故事中著名的夷门。他发现，侯嬴做监者的夷门，就是大梁城的东门。

　　结束了大梁的访问，司马迁便动身回返长安了。

　　这一次全国大游历，对司马迁一生是有重大意义的。这使他广泛接触了广大的人民和现实的生活。他从各地人民群众的传说里采访不见于册文记载的历史资料，这些历史资料的真实性常常超过官方的记载。他的实地考察，增加了他对历史事件的发生及其过程的了解。全国地理环境的初步熟悉，是他这次大游历的另一收获。从古代到秦汉之际的大小战役，数以千计的战场的复杂变化，如果没有一个了如指掌的形势放在胸中，那是无从加以捉摸、叙述的。

　　这次大游历，养成他重视生活体验的习惯。使他能够从群众生活里去挖掘历史事件的本质，而这，也就奠定了他的文学的现实主义基础。

　　这次大游历，扩展了他的胸襟，使他胸怀高超，高瞻远瞩，俯视古今。过去人们常说，司马迁游历名山大川，他的文章便变得奔放、宏伟了。这话是正确的。因为生活感受丰富了，他的文章自然是要起到变化——而且一定是往美好、坚实的方向变化的。

这次大游历的时间，前后大概有两三年的光景。他是在公元前一二七年出发的。大约在公元前一二五年及一二四年之间，回到长安。

当然，这次大游历的足迹，还没有使他真正走遍全国，这还只是他一生游历的开端。他以后还有好几次大游历。游历，在他一生的生活里占有很长的时间。他真正完成了全国大游历的那一次游历，是在公元前一〇七年、他三十九岁的时候。那一次他跟随汉武帝封禅，补足了他在以前没有走到的地方。那一次游历结束后，他方才能够说道："余尝西至空峒，北过涿鹿，东渐于海，南浮江淮矣！"（《五帝本纪》）他最后一次游历则是在公元前九三年的时候，那时离开他第一次的游历已有三十多年了。可是，二十岁这一次大游历，是他所有几次游历中最重要的一次。因为这是他青年时代所受教育的一部分。谁都知道，青年时代的教育，对一个人一生的影响是最深、最大的。这次大游历，正就是司马迁青年时代一次重要的体验生活的教育。

郎中·太史令

司马迁的父亲司马谈做着太史令，游历归来的司马迁也就踏入了仕宦的途径。

公元前一二四年的时候，丞相公孙弘奏请皇帝设置博士弟子五十人。资格是，凡是十八岁以上，在统治阶级看来是才识优长的青年，都可由郡县政府保荐，再由中央政府选拔，参加国立学校的学习。选中的博士弟子，学习满了一年，经过考试，考取高等的可以升做郎中。这是儒家在政府里面得势后培植后备力量的一个措施。

游历归来的司马迁，就是经由这一种考选的途径，进入了汉武帝的政府，担任了郎中的官职。郎中又名侍中，是皇帝的近卫官员。皇帝出外巡行，郎中陪侍在皇帝身边。国家有什么大事，郎中常常被派出使，代替皇帝宣达诏命。

有一个名叫李陵的，在司马迁进入政府时，也担任着郎中的职务，和司马迁做着同事。这个人以后要因为他的不幸遭遇而闻名天下的。他是有名的李将军（李广）的孙子。提起李广，他的英勇事迹，永不衰歇地流传在广大人民中间。

李广的故事

李将军广者，陇西成纪人也。其先曰李信，秦时为将，逐得燕太子丹者也。故槐里，徙成纪。广家世世受射（以射传家）。孝文帝十四年，匈奴大入萧关，而广以良家子从军击胡。用善骑射，杀首虏多，为汉中郎。广从弟李蔡亦为郎。皆为武骑常侍，秩八百石。尝从行，有所冲陷折关，及格猛兽；而文帝曰："惜乎子不遇时！如令子当高帝时，万户侯岂足道哉！"

及孝景初立，广为陇西都尉。徙为骑郎将。吴、楚军时，广为骁骑都尉。从太尉亚夫击吴、楚军，取旗，显功名昌邑下。以梁王授广将军印，还，赏不行。徙为上谷太守。

匈奴日以合战。典属国公孙昆邪为上泣曰："李广才气天下无双。自负其能，数与虏敌战，恐亡之。"于是乃徙为上郡太守。后广转为边郡太守，徙上郡；尝为陇西、北地、雁门、代郡、云中太守，皆以力战为名。

匈奴大入上郡，天子使中贵人从广，勒习兵，击匈奴。中贵人将骑数十，纵，见匈奴三人，与战；三人还射，伤中贵人，杀其骑且尽。中贵人走广。广曰："是必射雕者也!"广乃遂从百骑往驰三人。三人亡马步行。行数十里,广令其骑张左右翼,而广身自射彼三人者,杀其二人,生得一人,果匈奴射雕者也。已缚之上马,望匈奴有数千骑,见广以为诱骑,皆惊,上山陈。广之百骑皆大恐,欲驰还走。广曰:"吾去大军数十里,今如此以百骑走,匈奴追射我立尽。今我留,匈奴必以我为大军诱之,必不敢击我。"广令诸骑曰:"前!"前,未到匈奴陈二里所,止。令曰:"皆下马解鞍!"其骑曰:"虏多且近,即有急,奈何?"广曰:"彼虏以我为走,今皆解鞍,以示不走,用坚其意。"于是胡骑遂不敢击。

有白马将出护其兵。李广上马,与十余骑奔射杀胡白马将,而复还至其骑中,解鞍。令士皆纵马卧。是时会暮,胡兵终怪之,不敢击。夜半时,胡兵亦以为汉有伏军于旁,欲夜取之。胡皆引兵而去。平旦,李广乃归其大军。大军不知广所之,故弗从。

居久之,孝景崩,武帝立。左右以为广名将也,于是广以上郡太守为未央卫尉。而程不识亦为长乐卫尉。程不识故与李广俱以边太守将军屯及出击胡。而广行无部伍行阵,就善水草屯舍止。人人自便,不击刁斗以自卫,莫(幕)府省约文书籍事。然亦远斥候(侦察兵),未尝遇害。程不识正部曲行伍营陈,击刁斗;士吏治军簿至明,军不得休息。然亦未尝遇害。不识曰:"李广军极简易,然虏卒(突然)犯之,无以禁也;而其士卒亦佚乐,咸乐为之死。

我军虽烦扰，然虏亦不得犯我。"是时汉边郡，李广、程不识皆为名将。然匈奴畏李广之略；士卒亦多乐从李广，而苦程不识。程不识孝景时，以数直谏为太中大夫，为人廉，谨于文法。

后汉以马邑城诱单于，使大军伏马邑旁谷。而广为骁骑将军，领属护军将军。是时单于觉之，去。汉军皆无功。

其后四岁，广以卫尉为将军，出雁门击匈奴。匈奴兵多，破败广军，生得广。单于素闻广贤，令曰："得李广，必生致之。"胡骑得广，广时伤病，置广两马间，络而盛卧广。行十余里，广详死，睨其旁，有一胡儿，骑善马。广暂腾而上胡儿马，因推堕儿，取其弓，鞭马南驰数十里，复得其余军。因引而入塞。匈奴捕者骑数百追之，广行取胡儿弓射杀追骑，以故得脱。于是至汉。汉下广吏，吏当广所失亡多，为虏所生得，当斩。赎为庶人。

顷之，家居数岁。广家与故颍阴侯孙屏野，居蓝田南山中射猎。尝夜从一骑出，从人田间饮。还至霸陵亭，霸陵尉醉，呵止广。广骑曰："故李将军。"尉曰："今将军尚不得夜行，何乃故也！"止广宿亭下。居无何，匈奴入杀辽西太守，败韩将军。后韩将军徙右北平。于是天子乃召拜广为右北平太守。广即请霸陵尉与俱，至军而斩之。

广居右北平，匈奴闻之，号曰汉之飞将军。避之，数岁不敢入右北平。广出猎，见草中石，以为虎，而射之，中石，没镞，视之，石也。因复更射之，终不能复入石矣。

广所居郡，闻有虎，尝自射之。及居右北平，射虎，虎腾伤广。广亦竟射杀之。

广廉，得赏赐，辄分其麾下。饮食与士共之。终广之身，为二千石四十余年，家无余财，终不言家产事。广为人长，猿臂，其善射亦天性也。虽其子孙他人学者，莫能及广。广讷口少言，与人居，则画地为军阵，射阔狭以饮（饮酒赌胜负）。专以射为戏，竟死。广之将兵，乏绝之处见水，士卒不尽饮，广不近水。士卒不尽食，广不尝食。宽缓不苛，上以此爱乐为用。其射，见敌急，非在数十步之内，度不中，不发；发，即应弦而倒。用此，其将兵数困辱，其射猛兽亦为所伤云。

居顷之，石建卒，于是上召广代建为郎中令。元朔六年，广复为后将军，从大将军军出定襄，击匈奴。诸将多中首虏率（合封侯标准），以功为侯者；而广军无功。

后二岁，广以郎中令将四千骑出右北平；博望侯张骞将万骑与广俱。异道行，可数百里，匈奴左贤王将四万骑围广。广军士皆恐。广乃使其子敢，往驰之。敢独与数十骑驰，直贯胡骑，出其左右而还，告广曰："胡虏易与耳。"军士乃安。广为圜（圆）阵外向。胡急击之，矢下如雨。汉兵死者过半。汉矢且尽。广乃令士持满毋发，而广身自以大黄（弩名）射其裨将，杀数人。胡虏益解。会日暮，吏士皆无人色，而广意气自如，益治军。军中自是服其勇也。明日，复力战，而博望侯军亦至。匈奴军乃解去。汉军罢，弗能追。是时广军几没。罢归。汉法：博望侯留迟后期，当死，赎为庶人。广军功自如，无赏。

初，广之从弟李蔡，与广俱事孝文帝。景帝时，蔡积功劳至二千石。孝武帝时，至代相。以元朔五年，为轻车将军，从大将军击右贤王，有功中率，封为乐安侯。元狩二年中，代公孙弘为丞相。蔡为人在下中，名声出广下甚远，然广不得爵邑，官不过九卿。而蔡为列侯，位至三公。诸广之军吏及士卒，或取封侯。广尝与望气王朔燕语（闲谈）曰："自汉击匈奴，而广未尝不在其中；而诸部校尉以下，才能不及中人，然以击胡军功取侯者数十人。而广不为后人，然无尺寸之功，以得封邑者，何也？岂吾相不当侯耶？且固命也？"朔曰："将军自念，岂尝有所恨乎？"广曰："吾尝为陇西守，羌尝反，吾诱而降，降者八百余人，吾诈而同日杀之。至今大恨，独此耳。"朔曰："祸莫大于杀已降，此乃将军所以不得侯者也。"

后二岁，大将军、骠骑将军大出击匈奴。广数自请行，天子以为老，弗许。良久，乃许之。以为前将军。是岁元狩四年也。

广既从大将军青击匈奴，既出塞，青捕虏知单于所居，乃自以精兵走之，而令广并于右将军军，出东道。东道少（稍）回远（迂转而远），而大军行，水草少，其势不屯行（不能屯兵行军）。广自请曰："臣部为前将军，今大将军乃徙令臣出东道。且臣结发而与匈奴战，今乃一得当单于。臣愿居前，先死单于。"大将军青亦阴受上诫，以为李广老，数奇（运气不好），毋令当单于，恐不得所欲。而是时公孙敖新失侯，为中将军，从大将军。大将军亦欲使敖与俱当单于。故徙前将军广。广时知之，固自辞于大将军。大将军不听，令长史封书与广之幕府曰："急诣部如书（急引兵出东道）。"

广不谢大将军而起行，意甚愠怒而就部，引兵与右将军食其合军出东道。军亡导，或失道，后大将军。大将军与单于接战。单于遁走，弗能得而还。南绝幕（南归过沙漠），遇前将军、右将军。广已见大将军，还入军。大将军使长史持糒醪（饭、酒）遗广，因问广、食其失道状。青欲上书报天子军曲折。广未对，大将军使长史急责广之幕府对簿（受审）。广曰："诸校尉无罪，乃我自失道，吾今自上簿！"至幕府，广谓其麾下曰："广结发与匈奴大小七十余战，今幸从大将军出，接单于兵。而大将军又徙广部，行回远而又迷失道，岂非天哉！且广年六十余矣，终不能复对刀笔之吏！"遂引刀自刭。广军士大夫一军皆哭。百姓闻之，知与不知，无老壮皆为垂涕。

——《李将军列传》

司马迁还来得及见到这个为人民爱戴的"才气天下无双"的李将军。在外貌上，李广是怎样一个人呢？据司马迁的记载，李将军的相貌忠厚像乡下人，与人谈话，讷讷不能出口。这样一个质朴无华的人，却受到了人民无限的爱敬。司马迁引用一句谚语"桃李不言，下自成蹊"，来说明这个道理。谚语的意思是说，忠诚勇敢的人，不用自己或别人的夸耀，人们总会聚集在他的周围，分担他的喜乐或悲哀。李广一生受着统治阶级集团的压制与排挤，当时许多才能平庸的人都封侯拜相，独李广被抑屈在很低的位置上，最后只能把自己的不幸归之于命运，以此宽慰自己。人们对他的受冤而死，当然感到了不平和哀痛。

李陵就是这一个著名英雄的后代。可是，他与司马迁虽是同事，却并不是亲密的朋友，志趣也各不相同。他们之间的关系，用司马迁的话来说，是"未尝衔杯酒接殷勤之余欢"。他们二人的交谊，只有一点是重要的，那就是司马迁很早已经看出李陵不是一个平凡的人。在司马迁的眼中，李陵奉事长辈很孝顺，与朋友交很有信用，对于财物取舍很廉洁；常有奋不顾身奔赴国家急难的意气。司马迁甚至认为他够得上"国士之风"。对李陵的好感，司马迁直到最后都是始终未变的。

可是李陵这时在司马迁的生活中还未占有重要地位，而在这时，与司马迁关系比较密切的，却是统治阶级集团的领袖汉武帝。

汉武帝采取了一连串的政治措施，最突出的是进行了大规模的对外扩张战争，壮大了汉朝的国势。他这时正走上他的事业的发展顶点。

公元前一三〇年，他开始经营西南，用数万人的力量，千里运粮，凿通山崖，开出一千多里的道路。公元前一二七年，他收复河南地区，用十万余人建筑朔方城。第二年，东夷归降，置沧海郡。公元前一二二年，张骞出使西域，宣扬汉朝的国威。公元前一一九年，卫青、霍去病大破匈奴，把匈奴远远赶入漠北。公元前一一一年，司马迁也参加了对外扩张的活动，被派出使巴、蜀、邛、筰和昆明，完成了开发西南的工作。

汉武帝生性奢侈，欲望很大。他建造了豪华的上林苑，供他私人游猎。据后人记载，上林苑"游观侈靡，穷妙极丽"。他时常举行盛大的游猎，选用价值甚巨的甲车、戎马、器械。猎后更举行规模宏伟的歌舞，有千人歌唱，万人相和，声音使山陵震动，川谷荡波。

他不时出外巡游，到全国的高山顶上去祭祀天地，报答上天赐给汉朝的许多恩德。这便是所谓"封禅"。为了封禅，汉武帝动员了大量的人力，消耗了无数的财物。封禅，在统治阶级看来，有两项重大的意义：第一是藉此夸耀汉朝统治阶级的力量，用皇帝的尊严和盛大仪仗队（武力）的威风，亲自去慑伏全国人民，使他们不敢企图反抗；第二是为皇帝个人祈求上天的福佑，保护他长寿，永享富贵，一直做最高的统治者。这两大意义，造成了汉武帝频繁不止的巡游。同时为了更有效地达到长寿的目的，汉武帝除了不辞劳苦地举行封禅典礼外，还各处访求仙人，炼制吃了可以不死的仙药。因此，寻仙、求不死药，又与封禅配合在一起，交互不断地进行着。

封禅，却迷惑了许多知识分子的头脑。那时人们都非常敬畏天，把一切的成就都归之于天的恩赐。所以他们认为封禅是国家报答上天的唯一大典，不可不做的。为了这个原因，大家都鼓励汉武帝去封禅；而且据说为了对上天表示特殊的敬意，还必须到当时认为全国最高的泰山顶上去封禅，这样，上天才会喜悦。大部分人是迎合汉武帝的虚荣、自私的心理，像辞赋家司马相如临死，还遗书劝告汉武帝去泰山封禅；但也有个别的人是不了解统治者的意思，真心诚意地以为这确实是符合着上天和人们的愿望。司马谈就是这种人的代表。他热心地代汉武帝筹划着封禅的各种仪节，并且一心希望能够参加这旷世难逢的盛典——到泰山的封禅。

公元前一一〇年，汉武帝在做了许多准备工作后，出发去泰山封禅了。这次封禅的规模是空前伟大的：仪仗队是由十八万骑兵组成的，旌旗招展一千多里。司马谈以太史令的身份参加在封禅的队伍里。可是，在路上，他生起了重病，只好留下在洛阳了。他身为太史，有责任记录国家的大事，现在却不能去亲自参加国家封禅的大典了，他是感到何等的失望和悲哀呵！他握着刚从西南出使回来的司马迁的手，哭道："现今天子接千岁之统，封禅泰山，而我不能随行参加，是命呀！是命呀！"说着就含恨而死了。

可是，他的儿子司马迁对汉武帝举行封禅的用意却是了解得很清楚的。他曾一次一次跟随汉武帝出外巡游，到全国的山顶上去封禅，可是他一点没有敬畏的感觉。他从封禅和求仙中，看出了统治阶级的欺骗、胡闹和劳苦民力的祸害。他把他的见闻、感想，一起都用嘲笑、讽刺的笔调写了下来。这便是《史记》中那篇有名的《封禅书》。

封禅的故事

今上（汉武帝）初至雍，郊见五畤。后常三岁一郊。是时上求神君，舍之上林中蹏氏观。神君者，长陵女子，以子死，见神于先后宛若，宛若祠之其室，民多往祠。平原君往祠，其后子孙以尊显。及今上即位，则厚礼置祠之内中，闻其言，不见其人云。

是时，李少君亦以祠灶、谷道、却老方见上。上尊之。少君者，故深泽侯舍人，主方，匿其年；及其生长，常自谓七十，能使物却老。其游以方遍诸侯，无妻子。人闻其能使物，及不死，更馈遗之。常余金钱衣食。人皆以为不治生业，而饶给，又不知其何所人，愈信，争事之。少君资好方，善为巧发奇中。尝从武安侯饮，坐中有九十余老人。少君乃言，与其大父游射处。老人为儿时，从其大父识其处。一坐尽惊。

少君见上，上有故铜器，问少君。少君曰："此器，齐桓公十年陈于柏寝。"已而案（核对）其刻，果齐桓公器。一宫尽骇，以为少君神，数百岁人也。少君言上曰："祠灶则致物，致物而丹沙可化为黄金。黄金成，以为饮食器，则益寿。益寿，而海中蓬莱仙者乃可见。见之以封禅，则不死。黄帝是也。臣尝游海上，见安期生。安期生食巨枣，大如瓜。安期生仙者，通蓬莱中，合则见人，不合则隐。"

于是天子始亲祠灶，遣方士入海求蓬莱安期生之属。而事化丹沙诸药齐为黄金矣。居久之，李少君病死。天子以为化去，不死。而使黄、锤史宽舒受其方，求蓬莱安期生莫能得。而海上燕、齐怪迂之方士，多更来言神事矣。

············

明年，天子病鼎湖甚。巫医无所不致，不愈。游水发根言上郡有巫，病而鬼神下之。上召置祠之甘泉。及病，使人问神君。神君言曰："天子无忧病，病少愈，强与我会甘泉。"于是病愈，遂起幸甘泉。病良已，大赦。置寿宫神君。

寿宫神君最贵者太一，其佐曰大禁司命之属，皆从之。非可得见，闻其言，言与人音等，时去时来。来则风肃然。居室帷中，时昼言，然常以夜。天子祓，然后入，因巫为主人，关饮食，所以言，行下。又置寿宫北宫，张羽旗，设供具，以礼神君。神君所言，上使人受书其言，命之曰"画法"。其所语，世俗之所知也，无绝殊者。而天子心独喜，其事秘，世莫知也。

············

天子既诛文成，后悔其蚤（早）死，惜其方不尽。及见栾大，大说。大为人长美，言多方略，而敢为大言，处之不疑。大言曰："臣常往来海中，见安期、羡门之属。顾以臣为贱，不信臣。又以为康王诸侯耳，不足与方。臣数言康王，康王又不用臣。臣之师曰：'黄金可成，而河决可塞，不死之药可得，仙人可致也。'然臣恐效文成，则方士皆奄（掩）口，恶敢言方哉！"上曰："文成食马肝死耳。子诚能修其方，我何爱乎？"大曰："臣师非有求人，人者求之。陛下必欲致之，则贵其使者，令有亲属，以客礼待之，勿卑，使各佩其信印，乃可使通言于神人。神人尚肯邪，不邪，致尊其使，然后可致也。"于是上使验小方，斗棋，棋自相触击。

是时上方忧河决，而黄金不就，乃拜大为五利将军。居月余，得四印，佩天士将军、地士将军、大通将军印。制诏御史："昔禹疏九江，决四渎，间者河溢皋陆，堤繇不息。朕临天下二十有八年，天若遗朕士而大通焉。乾称蜚龙，鸿渐于般。朕意庶几与焉。其以二千户封地士将军大为乐通侯。"赐列侯甲第，童千人，乘舆，斥车马帷幄器物，以充其家。又以卫长公主妻之，赍金万斤，更命其邑曰当利公主。天子亲如五利之第，使者存问供给相属于道。自大主将相以下，皆置酒其家，献遗之。于是天子又刻玉印，曰天道将军。使使衣羽衣，夜立白茅上；五利将军亦衣羽衣，夜立白茅上，受印。以示不臣也。而佩天道者，且为天子道天神也。于是五利常夜祠其家，欲以下神。神未至，而百鬼集矣，然颇能使之。其后装治行，东入海求其师云。大，见数月，佩六印，贵震天下。而海上燕、齐之间，莫不扼捥（兴奋）而自言有禁方、能神仙矣。

....

入海求蓬莱者，言蓬莱不远，而不能至者，殆不见其气。上乃遣望气者佐候其气云。

其秋，上幸雍，且郊。或曰："五帝，太一之佐也，宜立太一而上亲郊之。"上疑未定。齐人公孙卿曰："今年得宝鼎，其冬辛巳朔旦冬至，与黄帝时等。"卿有札书曰："黄帝得宝鼎宛朐，问于鬼臾区。鬼臾区对曰：黄帝得宝鼎、神策，是岁己酉朔旦冬至，得天之纪，终而复始。于是黄帝迎日推策，后率二十岁，复朔旦冬至，凡二十推三百八十年，黄帝仙登于天。"卿因所忠欲奏之，所忠视其书不经，疑其妄书，谢曰："宝鼎事已决矣，尚何以为？"卿因嬖人奏之。上大说，乃召问卿，对曰："受此书申公，申公已死。"上曰："申公何人也？"卿曰："申公齐人，与安期生通。受黄帝言，无书，独有此鼎。书曰：汉兴复当黄帝之时，曰汉之圣者，在高祖之孙，且曾孙也。宝鼎出，而与神通，封禅。封禅七十二王，唯黄帝得上泰山封。申公曰：汉主亦当上封，上封，则能仙，登天矣。黄帝时万诸侯，而神灵之封居七千。天下名山八，而三在蛮夷，五在中国。中国：华山、首山、太室、泰山、东莱。此五山，黄帝之所常游与神会。黄帝且战且学仙，患百姓非其道者，乃断斩非鬼神者。百余岁，然后得与神通。黄帝郊雍上帝，宿三月，鬼臾区号大鸿，死葬雍，故鸿冢是也。其后黄帝接万灵明廷。明廷者,甘泉也。所谓寒门者,谷口也。黄帝采首山铜,铸鼎于荆山下。鼎既成,有龙垂胡䫇下迎黄帝。黄帝上骑,群臣后宫从上者七十余人。龙乃上去。余小臣不得上,乃悉持龙䫇。龙䫇拔堕,堕黄帝之弓。百姓仰望黄帝既上天,乃抱其弓与胡䫇号。故后世因名其处曰鼎湖。其弓曰乌号。"于是天子曰:"嗟乎,吾诚得如黄帝,吾视去妻子如脱蹝耳!"乃拜卿为郎,东使候神于太室。

....

自得宝鼎,上与公卿诸生议封禅。封禅用希旷绝,莫知其仪礼。而群儒采封禅《尚书》、《周官》、《王制》之望祀射牛事。齐人丁公年九十余,曰:"封禅者,合不死之名也。秦皇帝不得上封。陛下必欲上,稍上,即无风雨,遂上封矣。"上于是乃令诸儒习射牛,草封禅仪。数年,至且行。天子既闻公孙卿及方士之言,黄帝以上,封禅皆致怪物,与神通。欲放黄帝以上接神仙人、蓬莱士,高世比德于九皇。而颇采儒术以文之。群儒既已不能辨明封禅事,又牵拘于《诗》、《书》古文而不能骋。上为封禅祠器示群儒,群儒或曰:"不与古同。"徐偃又曰:"太常诸生行礼不如鲁善。"周霸属图封禅事。于是上绌偃、霸,而尽罢诸儒不用。

三月,遂东幸缑氏。礼登中岳太室。从官在山下,闻若有言万岁云。问上,上不言;问下,下不言。于是以三百户封太室奉祠。命曰崇高邑。东上泰山。泰山之草木叶未生，乃令人上石，立之泰山巅。上遂东巡海上，行礼祠八神。齐人之上疏言神怪奇方者，以万数。然无验者。乃益发船，令言海中神山者数千人，求蓬莱神人。公孙卿持节，常先行候名山，至东莱。言夜见大人长数丈，就之，则不见。见其迹甚大，类禽兽云。群臣有言见一老父牵狗，言："吾欲见巨公。"已忽不见。上即见大迹，未信；及群臣有言老父，则大以为仙人也。宿留海上，予方士传车（驿车），及间（不断）使求仙人以千数。

....

公孙卿曰："仙人可见，而上往常遽（太急），以故不见。今陛下可为观如缑城，置脯枣，神人宜可致也。且仙人好楼居。"于是上令长安则作蜚廉桂观，甘泉则作益延寿观，使卿持节设具而候神人。乃作通天茎台，置祠具其下，将招来仙神人之属。于是甘泉更置前殿，始广诸宫室。

....

今上封禅，其后十二岁而还，遍于五岳四渎矣。而方士之候祠神人，入海求蓬莱，终无有验。而公孙卿之候神者，犹以大人之迹为解，无有效。天子益怠厌方士之怪迂语矣。然羁縻不绝，冀遇其真。自此之后，方士言神祠者弥众，然其效可睹矣。

——《封禅书》

汉武帝这些求仙、封禅的事情，做得最起劲的时候，是从公元前一二四年到公元前一〇四年的这二十年内。做到后来，他也逐渐明白：方士的话不可靠；所谓封禅，作用也不大。可是他还继续不断地做着这些愚蠢、可笑的事情，不愿停止。因为他希望总有一次真能碰上神仙，那么他就能长生不死，永远保持他的最高统治者的地位了。

司马迁在汉武帝做着这些蠢事的时候，由于职务的关系，都是追随在他身边的。那一次汉武帝生病痊愈，到甘泉宫谢神，与附在巫人身上的神君谈话，司马迁在旁边听了好笑。方士，他看穿他们的诈骗伎俩。但是，他那时没有表示什么意见，他把他的暗笑和抗议，放在肚里。因为那时，他对统治阶级集团鄙视、仇恨的情感，还没有明确建立起来。他对他们还有很大的幻想。他希望汉武帝能够赏识他，提拔他，使他在仕宦的途径上飞黄腾达。那时他只希望博取汉武帝的好感，因此只愿向汉武帝表示他的忠心。所以，那时的司马迁，如他后来所说的，不交结宾客，忘掉对家室的关心，日日夜夜只想如何把自己的才能贡献给统治阶级集团，求得与皇帝的亲近。他不单自己这样想，还劝告他的朋友也这样做。他曾写信给隐居在阢山的挚虞，劝他出山做官，因为照司马迁那时的看法，只有做官方才符合于儒家"立德"的标准。可是挚虞谢绝了他的邀请，并回信警告他道："能者见利，不肖者自辱。"在司马迁热心做官的时候，挚虞似乎比他的朋友多了解一些统治阶级的本质。

公元前一〇八年，离他父亲的死三年，司马迁正式被任命做太史令。他于是着手整理史料，为写作《史记》而准备。

过了四年,到公元前一〇四年,那一年,司马迁是四十四岁,他便动手写他的大著《史记》了。从二十岁起,他就已经在准备这部大著的写作了,现在过了整整二十四年,他方才正式动笔来写。这是他毕生的宏大志愿,他要"藏之名山,传之其人"的。

写作《史记》,同时也是实现父亲的愿望。司马谈在临死时,曾经沉痛地叮嘱儿子道:

> 余先周室之太史也,自上世尝显功名于虞、夏,典天官事。……后世中衰,绝于予乎?汝复为太史,则续吾祖矣。……余死,汝必为太史,为太史,无忘吾所欲论著矣。且夫孝始于事亲,中于事君,终于立身,扬名于后世,以显父母,此孝之大者。夫天下称诵周公,言其能论歌文武之德,宣周邵之风,达太王王季之思虑,爰及公刘,以尊后稷也。幽厉之后,王道缺,礼乐衰,孔子修旧起废,论《诗》、《书》,作《春秋》,则学者至今则之。自获麟以来四百有余岁,而诸侯相兼,史记放绝。今汉兴,海内一统,明主贤君忠臣死义之士,余为太史而弗论载,废天下之史文,余甚惧焉。汝其念哉!

当时司马迁俯首流涕答道:"小子不敏,请悉论先人所次旧闻,弗敢阙。"

可是在他动笔写这部大书不久,李陵案件爆发了。

李陵案件

公元前九九年,汉武帝派遣贰师将军李广利带领三万骑兵,自酒泉郡出发,进攻匈奴。同时又派李陵做贰师将军的辎重部队。这时,李陵已做骑都尉,在边境练兵。他请求道:"臣部下都是荆楚的勇士,奇材剑客,力能伏虎,又擅长射箭。臣愿自领一队军队,到兰于山前,分散匈奴兵势,减轻敌军对贰师将军的压力。"汉武帝说没有多余的骑兵可派了。李陵回答道:"不用骑兵。臣愿以少击众,用步兵五千人击单于!"汉武帝嘉奖他的勇气,准许他的请求。

但是,这次战役的结果是李陵战败投降了。

李陵进入敌境,与匈奴接战。匈奴用八万骑兵围攻他的五千步兵。他率领兵士奋勇杀敌,杀伤匈奴一万多人。但敌势很盛,他且战且退,连续战斗八天,兵士死伤一大半,箭也用完了。他最后退到离边境一百多里的地方,匈奴军队截断他的归路,猛烈攻击。他剩下的军队饥饿疲倦,无力再战。他便投降了匈奴。他带领的军队，只有一百多人逃回，其余都被匈奴歼灭了。

李陵深入敌境的时候，有使者带了他所经过的山川地图，回来报告进军的情况，并报告说士气旺盛。汉武帝听了喜悦，表示满意。大臣们也都上前祝贺皇帝派遣得人。后来听说李陵被匈奴军队围困了，汉武帝不放心，把李陵的母亲和妻子召来，叫相面人查看她们脸上有没有死丧的气色，推测李陵是否能够死战。等到李陵投降的消息传来，汉武帝大为震怒。原先祝贺的大臣，看见皇帝发怒，也都反过来责骂李陵。

这时，只有司马迁代李陵不平。他想：李陵是有志气的人，情愿冒万死的危险，不顾自己的生命，赴公家的急难，出塞进攻匈奴。这是奇男子的行为，平常人万万及不到的。然而不幸遭到失败，那些只知顾全身躯、保护妻子的人，却不负责任地一齐起来攻击他了。这真是懦怯、卑鄙的行为呵！

司马迁这个想法，加上李陵平素给他的良好印象，他对李陵的不幸，便产生了很大的同情。

汉武帝听够了大臣们对李陵的辱骂，转过来询问司马迁的意见。司马迁于是坦白地说出了自己的意见。自然，一直想要向皇帝表示忠心的司马迁，就是汉武帝不问他，他为了表示对皇帝的"尽忠竭虑"，也会自动向皇帝陈说的。他答复汉武帝的询问道："李陵带五千步兵，深入敌国，与强大的敌军作战，连战十几天，杀伤了无数敌人。敌人领袖都惊惶、害怕，征发了全国骑兵来围攻李陵。可是，李陵奋勇转斗千里。最后，箭尽了，退路断绝了，救兵不来了，兵士死伤像山一样堆积，然而李陵一加鼓励，兵士无不奋起，流泪抹血，张着空拳，冒着白刃，与匈奴拼死。臣以为李陵素日能与人共甘苦，得人的死力。这种人是可以与古代名将相比并的。现在虽然陷败了，但是看他的意思，是想等待时机报答国家。他虽然失败，他的功劳天下人都知道，足以抵补他的过失了！"

司马迁以为，这番话应当多少能够减轻一些李陵的罪名；可是他根本没有想到，汉武帝听了他的话，反而像火上添油似地增加了怒气。原来司马迁的这番话，在汉武帝听来，简直就是用李陵的力战功劳来讥刺贰师将军李广利的庸懦无功，而李广利却是皇帝爱姬的兄长，是宫廷贵族，是皇帝宠爱的人，而讥刺皇帝宠爱的人，不就是在讥刺皇帝吗？于是，汉武帝大怒了，不管司马迁讲的话是否有理，立刻露出了专制帝王"顺我者生，逆我者死"的狰狞面目，把司马迁投入了监狱。

关于李陵案件的是非曲直，现在看来，应当把李陵和司马迁二人作不同的评价。李陵，不管他最初的表现是怎样好，但最后却是投降了敌人，丧失了民族气节。司马迁所说他可能有"等待时机报答国家"的愿望，始终没有见到实现。与他同时陷在匈奴的，还有出使的苏武。苏武的坚贞不屈，发扬了民族的正气，与李陵投敌后的迟疑顾望，恰好成了强烈的对照。汉武帝死后，执政的大将军霍光曾派人劝说李陵返国，李陵先是不敢答应，最后是拒绝了。所以从李陵一方面说，李陵是辜负了司马迁的期望和为他所做的牺牲。

那么，是不是可以说司马迁为这次案件而作的辩护没有一点意义了呢？不，司马迁的辩护是有意义的。这意义在于：司马迁通过这次案件的辩护，正像汉武帝所感觉到的，抨击了统治阶级集团对待臣下的不公正的态度——"唯亲是用"的态度。按照统治阶级集团的这种态度，有才能的、正直的人士，就会遭受不断的打击、排挤与陷害。司马迁代表这一个被压抑、被迫害的阶层，吐露了他们对统治阶级集团的愤慨。这实在是一个呼吁，也是一个抗议。无怪乎汉武帝听了，觉得刺痛了自己，要感到很大的愤怒了。

被投进了监狱的司马迁，受到残酷的折磨。这种残酷的折磨，是当时每一个被投进了监狱的人都无法避免的。汉武帝为了巩固他的统治地位，压制在他治下的臣民的反抗意图，制订了苛刻的法律，采用了酷毒的刑罚。制订的法律中间有一条叫"腹诽法"，规定肚里诽谤皇帝也算犯罪。肚里的事情旁人谁能知道？这当然是统治阶级藉此威吓、箝制人们对皇帝产生的不满思想。执行这种严刑酷法，汉武帝自己并不出面，隐在幕后指挥；实际执行的，是他任用的一些凶暴无比的爪牙，这就是司马迁特别给他们起称号叫"酷吏"的人。当时人们提到酷吏的名字，都要感到阴森可怕。司马迁勾勒了他们的脸谱，并一再指出，他们的残酷，是受了汉武帝的指使。酷吏中最著名的是张汤和杜周，而审讯他的案件的，正就是这个有名贪残成性的杜周。

杜周做廷尉（司法官），监狱里便装满了人。职位在二千石的官吏，因犯罪而关在监狱里的常有一百多人。地方官太守以下由廷尉治理的案件，一年有一千多件。案情大的，牵连起来大的有几百人，小的也有几十人。狱吏审问犯人，如不服罪，便用鞭笞逼迫招认。廷尉及中都官下令捉进监狱的有六七万人，加上爪牙们捉捕的，监狱里关了十多万人。

可是汉武帝却称赞杜周尽力无私，把他升做御史大夫。他为报答汉武帝的知遇，所以暴虐的程度超过以前所有酷吏。他的朋友责备他道："你替天子司管法律，不依律令办事，专以皇帝的意向做是非的标准，这样做对吗？"杜周道："律令是从哪里来的呢？不是由皇帝订定、皇帝施行的吗？皇帝做主就行了，管什么律令不律令呢！"

司马迁当然也不能逃脱酷吏的魔掌：监禁他的是坚固的牢房，手足都被套上了刑具，身体被绳子捆起。为了逼他认罪，狱吏剥掉他的衣服，用鞭子抽打他。因此，他在狱中害怕狱吏到这样的程度：见到狱吏就喘息害怕，不敢抬头。

第二年，从匈奴那边又传来了消息，据说投降后的李陵，在替匈奴训练军队，准备与汉军作战了。后来方才知道，那其实是一个名叫李绪做的事，传消息的人传错了。可是汉武帝一听到这个消息，就把李陵的老母、妻子全都杀死了。

替李陵"游说"的司马迁，当然也连坐有罪。专门迎合皇帝意图的杜周是不会轻易把他放过的。结果是判决他犯了诬蔑皇帝的罪名。汉朝政府规定有赎罪的条例，譬如死罪，用五十万钱就可减罪一等，免除死刑。但是司马迁做的是收入微小的史官，家里很穷，拿不出钱来赎罪。他平日的朋友，见到他有罪，又要他们出钱，都躲得远远的，袖手旁观，不愿援助。这样，他便只能以受刑来作为抵罪的一法了。他受的是所谓"腐刑"——把他关进一间不见天日的"蚕室"，割去他的睾丸。

这对一个有着宏大抱负的人，真是莫大的耻辱呵！

他在后来给朋友任安的信中写道：

> 重为天下观笑，悲夫！悲夫！
>
> ....
>
> 太上不辱先，其次不辱身，其次不辱理色，其次不辱辞令；其次诎体受辱，其次易服受辱，其次关木索、被箠楚受辱，其次剔毛发、婴金铁受辱，其次毁肌肤、断支体受辱。最下，腐刑极矣！
>
> ——《报任少卿书》

这真是含着血泪的呼声，表示受刑的当时，他是如何地悲愤，如何地痛不欲生！

受刑之初，他不堪忍受精神上的剧烈痛苦，曾经预备自杀。可是转念一想，他如果就是这样死了，以他低微的职位，在贵官公卿之间，不过像九牛亡掉一毛罢了，谁来惋惜他、纪念他？人们还要以为，他是智穷罪极，畏罪自杀的。而且，他想，真正的勇烈者岂是一定要以死方见勇烈的？古代的西伯、李斯，近代的韩信、周勃、季布、灌夫，他们不也曾经受辱，然而终于以他们坚忍的毅力创造了惊人的事业,受到人们的称道吗?何况他还有一件伟大的事业——《史记》的写作——等待他去完成!他死了,谁来继续?这是万万不能中途而废的。这样一想,他就毅然决然地抛开了自杀的念头,鼓起勇气,挺起身来,抹干眼泪,藏起痛苦,不顾天下人的讥笑,拿起笔来,继续写作他的大书。在给朋友任安的信中,他自述这个时候的思想情况道:

> 仆虽怯耎(柔弱),欲苟活,亦颇识去就之分矣。何至自湛溺累绁之辱哉!且夫臧获(奴仆)婢妾犹能引决,况若仆之不得已乎!所以隐忍苟活,函粪土之中而不辞者,恨私心有所不尽,鄙没世而文采不表于后也。
>
> 古者富贵而名摩灭,不可胜记,唯俶(倜)傥非常之人称焉。盖西伯拘而演《周易》;仲尼厄(厄)而作《春秋》;屈原放逐,乃赋《离骚》;左丘失明,厥有《国语》;孙子膑脚,《兵法》修列;不韦迁蜀,世传《吕览》;韩非囚秦,《说难》、《孤愤》。《诗》三百篇大氐贤圣发愤之所为作也。此人皆意有所郁结,不得通其道,故述往事思来者。及如左丘明无目,孙子断足,终不可用,退论书策以舒其愤思,垂空文以自见。
>
> 仆窃不逊,近自托于无能之辞,网罗天下放失旧闻,考之行事,稽其成败兴坏之理,凡百三十篇,亦欲以究天人之际,通古今之变,成一家之言。草创未就,适会此祸,

> 惜其不成，是以就极刑而无愠色。仆诚已著此书，藏之名山，传之其人，通邑大都。则仆偿前辱之责，虽万被戮，岂有悔哉！
>
> ——《报任少卿书》

他的忍辱著书的用意，在这里是说得很明白的了。所以，他在《史记》中，一再推许那些"弃小义，雪大耻，名垂于后世"、"受辱而不羞，欲有所用其不足"、"贤者诚重其死"的人物。

可是，当时人们对他忍辱著书的用意是不能了解的。稍后就有人直称他是"无行之人"。所以给朋友任安的信中又写道：

> 然此可为智者道，难为俗人言也。且负下未易居，下流多谤议。仆以口语，遇遭此祸，重为乡党戮笑，汙辱先人，亦何面目复上父母之丘墓乎！虽累百世，垢弥甚耳！是以肠一日而九回，居则忽忽若有所亡，出则不知所如往。每念斯耻，汗未尝不发背沾衣也！
>
> ——《报任少卿书》

痛苦是可想而知的。这必须要有绝大的勇气，方才能够克服这种痛苦。司马迁就是用他的"发愤著书说"来支持了他的勇气，对恶劣环境进行了斗争。发愤著书的理论，在封建统治时代，是对统治阶级透露反抗意志的一种表示，他认为不朽著作的产生，都是由于对残酷压迫的一种反抗。

李陵案件，最后是以司马迁的腐刑结束了。腐刑——所有酷刑中最可耻辱的一种刑罚，摧残了司马迁的身体，他的精神更受到严重伤害。但是，这次案件，却也培育了他的反抗精神，使他对专制帝王的残忍本质看清楚了，使他"一心营职，以求亲媚主上"的仕宦思想转变过来了。从今以后，他的写作就有了明确的方向：那就是彻底揭露专制帝王和他所亲近的集团的丑恶、卑鄙和刻毒的面目，揭露他们之间的倾轧与相互之间的阴谋、陷害；而对平民——普通人，以及像他一样遭受统治阶级迫害的人物，则给予热烈的同情与歌颂。可以说，李陵案件最终是给《史记》涂上了一层浓烈的反抗色彩。

司马迁的生活体验，经过这次案件的锻炼，更加丰富了。尤其是他所身受的当时社会人情的虚伪与冷酷，使他看透了封建社会里面人与人之间的残忍的利害关系。他在《史记》中着力描写了友谊的高贵，但也深刻刻画了世态的炎凉。他写了这样一个小故事：

> 下邽翟公有言：始翟公为廷尉，宾客阗（盈）门。及废，门外可设雀罗。翟公复为廷尉，宾客欲往。翟公乃大署其门曰："一死一生，乃知交情；一贫一富，乃知交态；一贵一贱，交情乃见！"
>
> ——《汲郑列传》

司马迁在这个小故事后面，加上一声叹息道："悲夫！"是的，司马迁根据他自己的体验是有权利发出这种愤懑的叹息的。应当承认，正是由于他对当时世态人情的愤慨和了解的透彻，《史记》在别的许多方面的卓越成就之外，作者同时又用他的大笔，为读者绘出了一幅封建时代的深刻、生动的社会相。

《史记》——生命写成的书

公元前九六年，汉武帝觉得他已荡涤天下，征服四方，有必要改换年号表示庆祝，便把这一年定为太始元年。夏天，他下令大赦。被囚禁在"蚕室"中过了三四年囚徒生活的司马迁，也在赦免之中。

李陵案件的浪潮过去了，汉武帝的怒气也平息了。司马迁出狱后，汉武帝派他担任一个职位较高的官职——中书令。原先他任太史令的俸禄是一千石，现在担任中书令，俸禄增加到二千石了。中书令亲近皇帝，掌管政府的诏书、表章等机要事务。这个任命，似乎引起了许多人的妒忌和不满。政府中有人讥刺他道："现今没有品行的人，关在蚕室里，疮还没有养好，就来侍奉皇帝，出入宫廷，享受人臣俸禄，妻子富贵，自己也尊荣极了！"从这讥嘲的论调看来，司马迁出狱后，虽然做了较高的官，可是人们投给他的，却都是带刺的、轻蔑的眼光。

事实也确是如此：中书令虽是一个显要的官职，却并不是一个高尚的官职。中书令的性质是颇为低贱的：他侍奉皇帝，出入后宫，生理方面正常的人，统治者是不能允许他担任这种官职的。只有太监，或是受过腐刑、生理方面残缺了的人，统治者才会对他放心，让他担任这个与妃嫔同列的官职。汉武帝现在重用司马迁，派他做显贵的中书令，可是在人们的眼中，汉武帝不过是把司马迁当作一个有学问、有才能的太监在使用着罢了。带有幸灾乐祸心理的人们，当然会借这个理由向他投去轻蔑、讥嘲的眼光。

所以，司马迁比起过去似乎是"尊荣"一些了，可是腐刑所加给他的精神创伤——身体的摧残比起这来还是次要的——却始终无法平复。相反地，由于周围人们对他的冷酷表示和他自己怨疚心情的加深，精神上的痛苦越来越大了。

当他初任太史令时，他的心中充满了对生活前途的美好理想，由此对仕宦表示了很大的热心。现在，他担任了比太史令显贵得多的中书令，他的仕宦兴趣却消失无余了，不但如此，而且对他的官职表示出极为厌恶的情绪。

甚至他的比较接近的朋友任安，也不能了解和同情他这时的思想情况。所以，公元前九三年，任安写信责备他，说他既然尊宠任职，为什么不愿"慎于接物，推贤进士"呢？他的答复是一封充满悲痛情绪的长信：

> （仆）虽罢驽，亦尝侧闻长者遗风矣。顾自以为身残处秽，动而见尤，欲益反损，是以抑郁而无谁语？谚曰："谁

为为之,孰令听之?"盖钟子期死,伯牙终身不复鼓琴。何则?士为知己用,女为说己容。若仆大质已亏缺矣,虽材怀隋、和,行若由、夷,终不可以为荣,适足以发笑而自点耳!

……

祸莫憯于欲利,悲莫痛于伤心,行莫丑于辱先,诟莫大于宫刑。刑余之人,无所比数,非一世也!

……

夫中材之人,事关于宦竖,莫不伤气,况慷慨之士乎!如今朝虽乏人,奈何令刀锯之余,荐天下豪俊哉!

……

乡者仆尝厕下大夫之列,陪外廷末议。不以此时引维纲,尽思虑;今以亏形为扫除之隶,在阘茸之中,乃欲卬首信眉,论列是非,不亦轻朝廷、羞当世之士邪!嗟乎!嗟乎!如仆尚何言哉!尚何言哉!

——《报任少卿书》

从这些沉痛的话里面,可以看出腐刑所加给司马迁的痛苦,真是铭心刻骨的。

在这个时期,他除了继续发愤写作他的大书外,对其他的事则采取了沉默的态度。他的斗争精神虽然更炽旺,他的因腐刑而产生的耻辱感觉虽然不断地折磨着他,他的愧恨的眼泪虽然还在流着,但他不把它们显露出来,而是把他们一丝一缕地织进了他的著作。可以这样说：他是把他的整个生命放进了这部著作的，他是用他的整个生命来换取这部大书的完成的。

他在这个时候采取沉默的态度是对的。这使他没有卷进统治阶级集团内部一次波及面很广的政治斗争中去。公元前九一年，汉武帝政府发生了争夺权位的斗争：以武帝和太子为首的两个集团互相争夺统治权力，排挤、打击对方。最后，斗争尖锐化了，公开的冲突无法避免了，太子被迫在长安起兵叛变。汉武帝用大力迅速镇压了这次叛变，杀死了好几万人。司马迁的朋友任安，为了接受了叛变的太子的节钺，事平后，汉武帝说他"怀有二心"，将他腰斩了。这一次，沉默保全了司马迁，使他没有受到任何牵连。

也就在这一年，他全部完成了他的著作的写作工作。一部伟大的历史著作，并且又是一部现实主义文学的杰作，正式产生了。正如前面所说的，这是一部用生命写成的书。这部大书的原名是《太史公书》，后人简称为《史记》。这部伟大的著作，据司马迁在书的《自序》中说，包括十二篇本纪、十篇年表、八篇书志、三十篇世家、七十篇列传——共一百三十篇，五十二万六千五百字。除正本外，他还钞录了一个副本。

《史记》这部大书（现在流传的本子是有着残缺的），从公元前一〇八年，司马迁任职太史令准备材料起，到正式写成，共十八年。如果把他二十岁后就在积极进行着的收集史料、实地采访，以及全书写成后的删订、改削等工作加在一起，那么这部著作的写成，实足花费了他四十年的时间。他把他的全部生命都贡献给这部著作了。这种坚毅卓绝的劳动,是值得任何人钦佩和学习的。

司马迁最后几年的生活,大概主要就是在修改和增补他的著作。他是活过了五十六岁的。他五十六岁的一年,是公元前九〇年。这一年,那个在李陵案件中起了影响的贰师将军李广利,投降了匈奴。司马迁还来得及把这个外戚集团中的庸懦分子的叛国行为,补写进他的著作。

可是到公元前八七年,临死的汉武帝听信望气者的鬼话,说长安监狱中有天子气,因此派中书令去命令廷尉丙吉,叫他杀掉长安监狱中所有轻重罪名的犯人,这个传达命令的中书令不是司马迁,而是一个叫作郭穰的人了。照这件事推测,那时司马迁可能已经去世了。

司马迁的儿子,名字没有留传下来。据说是因为司马迁受了腐刑,发了怨言,所以统治阶级不再任用他的子孙做史官。

他有一个女儿,嫁给杨敞。杨敞后来做到大司农。当霍光和张安世等人决定废去皇帝,重新扶立一个新皇帝时,派人征求杨敞的意见。杨敞吓得汗流浃背,不敢答应。他的夫人急忙从东厢出来,督促丈夫立刻同意了这件有关他们一家生命的计划。可见她是一个有决断的女子。她的小儿子杨恽——司马迁的外孙,是一个才气纵横的文学家,《史记》就是由他传布开来的。

我们对这个伟大作家的生平和他不朽的杰作《史记》的简单介绍,到这里结束了。必须指出:有关司马迁本人的传记材料虽然不多,可是《史记》却是一部完整的著作,里面包含了司马迁的全部思想和感情。因此司马迁和他的《史记》是不可分割地、密切地结合在一起的,司马迁的整个精神面貌是鲜明地凸现在《史记》里的。我们希望,我们的简单介绍(自然,这是不够完全的),对读者在认识司马迁和阅读他的巨著《史记》时,能够有一些帮助。

附录:《史记》概述

《史记》一百三十卷,西汉司马迁撰。

《史记》是《二十四史》开头第一部,也是纪传史的第一部。尽管很多人讲不出《二十四史》是哪二十四部,甚至说成二十四个朝代的历史,司马迁的《史记》总还是知道的。很多书上,尤其是书目上都是像上面这么写着的。也许正因为如此,历来研究司马迁《史记》的人比较多,其中确实出了有价值应该在这里介绍的成果。

《史记》包括十二本纪、十表、八书、三十世家、七十列传,这是没有问题的,问题是《史记》这个书名。《汉书·艺文志》春秋家只说《太史公》百三十篇。《汉书》卷六六《杨恽传》作《太史公记》,《风俗通义·正失》作《太史记》,东汉后期也就称《史记》了。

再一个是作者问题。司马迁字子长,是左冯翊夏阳人,即今陕西韩城人,司马谈的儿子,生平事迹见《史记》最后的

《太史公自序》和《汉书》卷六三《司马迁传》。今人还给他写了专书小册子。问题是《史记》是否只是他个人的创作？顾颉刚师的《史林杂识初编》（1963年中华书局本）里有篇《司马谈作史》作了解答。颉刚师说："案《刺客列传》记荆轲刺秦王，诸执兵者不得上，独侍医夏无且以药囊提之，秦王乃得拔剑击轲。篇末赞曰：'始公孙季功、董生与夏无且游，具知其事，为余道之如是。'夫荆轲入秦在秦王政二十年即公元前二二七年，而史迁之生有二说，予谓以生于公元前一三五年说为可信，若是则史迁之生上距荆轲之死已九十二年。公孙、董生既与夏无且游，则必秦末汉初人也，待史迁之长而告之，不将历百数十岁乎！是必不可能者也。又《郦生陆贾传》记平原君、朱建事，赞曰：'平原君子与予善，是以得具论之。'案朱建尝为黥布相，其子当生秦、楚之际或汉初，与史迁世不相及亦与公孙、董生无异。又《樊郦滕灌传》记樊哙孙他广袭封舞阳侯，孝景中六年（前一四四）夺侯为庶人，赞曰：'余与他广通，为言高祖功臣之兴时若此云。'他广年世固较后，而史迁之生，九年前彼已夺侯，度迁长成时亦未必在。是以王国维《太史公行年考》论之曰：'此二传所记，史公或追记父谈语也。'按，此非或然，乃必然也。谈于赞中自称曰'余'，《荆轲传》曰'为余道之如是'，《朱建传》曰'平原君子与余善'，《樊哙传》曰'余与他广通'，著传文之来源，作一篇之总结，则此三传成于谈手无疑。谈之为史，有传、有赞，则《史记》体例创定于谈亦可知。及迁继作，因仍其文，盖与尔后班固之袭父彪作者同。"颉刚师还给司马谈始作《史记》列举了别的证据，并对《史记》的断限作了剖析。颉刚师说："《自序》记《史记》之断限有两说：一曰'于是卒述陶唐以来至于麟止'，一曰'余述历黄帝以来至太初而讫'，一篇之中，所言全书起讫之异若此。……颇疑谈为太史令时，最可纪念之事莫大于获麟，故讫麟止者谈之书也；及元封而后，迁继史职，则最可纪念之事莫大于改历，故讫太初者迁之书也。……获麟，《春秋》之所终也；帝尧，《尚书》之所始也。谈既欲继孔子而述作，故曰'卒述陶唐以来至于麟止'。若史迁者，少负不羁之才，获麟事正当其少年，曾不屑措意，二十而遨游全国，闻见既广，益不信神鬼，故其所作《封禅书》，凡武帝之受欺与其欺人者，咸出以讽刺揶揄之笔，欲其认获麟为一划时代之大事，非理性之所许也。而改历者，人民希求之一大事也。……《汉书·律历志》记其事云：'至武帝元封七年，汉兴百二岁矣，大中大夫公孙卿、壶遂、太史令司马迁等言历纪坏废，宜改正朔'，则在此改历运动中，司马迁乃其中心人物之一，……目见其主张成为现实，安能自抑其兴奋，故述事至太初而讫，实为其最适当之断限。至于其书起于黄帝，则以武帝之世，方士言黄帝者过多，迁于《封禅书》中虽已随说随扫，而终不易脱出时代雾围，且改历之事，公孙卿与迁同主持之，卿之札书言'黄帝得宝鼎宛朐，……是岁己酉朔旦冬至，……于是黄帝迎日推策'，是即太初改历之托古改制也。在此种空气中，迁之作史，其上限必不容仅至陶唐而止，乃据《五帝德》、《帝系姓》而作《五帝本纪》，始于黄帝，即于

《黄帝纪》中以公孙卿之语为中文,曰:'获宝鼎,迎日推策。'是则《史记》一书中起讫之延长固皆有其政治背景在,非迁故意改父之道矣。使余此一假定而得其实,则《太史公自序》一篇本亦谈作,迁修改之而未尽,故犹存此牴牾之迹耳。"颉刚师还说这司马谈作史问题,"前人虽已略见其端倪而尚未作仔细讨论"。我也发现晁公武在《郡斋读书志》在《史记》条一开头就说"右汉太史令司马迁续其父谈书"。今经颉刚师这番讨论,自可成为定论。至于著录时只写司马迁撰,则约定俗成,不加上司马谈当然也可以。

至于对《史记》在文学上的成就,前人以至今人说得更多。我认为真讲得好的还推顾颉刚师和吕诚之师。颉刚师在《司马谈作史》篇里说:"《史记》一书,其最精采及价值最高之部分有二:一为楚、汉之际,一为武帝之世。武帝时事为迁所目睹,其史料为迁所搜集,精神贯注,光照千古,如书家之作'一笔书'然。《封禅》、《平准》、《酷吏》诸篇,在当日为'谤书',而在今日则为最可宝贵之真实历史记载。若楚、汉之际,当为谈所集材。谈生文帝初叶,其时战国遗黎、汉初宿将犹有存者,故得就其口述,作为多方面之记述。此一时期史事之保存,惟谈为其首功,其笔力之健,亦复震撼一世,叱咤千古。"此外,先秦部分之转抄转述《尚书》、《左传》等经籍之处,我认为就远远不如了。民国三十一年到三十二年我读苏州中学常州分校高中二年级时听过吕诚之师讲授国文课,把诚之师写在黑板上的抄下来作成详细的笔记,半个世纪后发表在王元化先生主编

1995年出版的《学术集林》卷三上,又择要录入1996年三联书店版《蒿庐问学记》之《记吕诚之师讲授的国文课》里。其中讲到:"《史记》之文,自然大部分系抄来,其中一部分可证明其为作《史记》者所自作的,亦不易指定其为出于谁某,缘出(一)谈,(二)迁,(三)及后来补《太史公书》者,均有可能。""若从文学上论之,则其文字风格一律者,可姑视为一人所作。以大体言之,则序及论赞是也。"又讲到:"《史记》文字之特色,在其从容闲雅。从前有人说:'作散文须在《史记》中用过一番功,学写字须在《郑文公碑》中用过一番功,如此,便无迫蹙之病。'此语深为内行。且从《史记》中用过一番功,其文自无伧夫气。""《史记》之所以能如此,实缘其当时之语言甚为接近。凡文之接近语言者,往往有繁冗之病,然亦有自然之妙。"又在教《太史公自序》"迁生龙门,耕牧河山之阳……"一段时讲到:"此中所用地名,可谓多极,而音调宛转和谐,绝无棘口之弊,更合《货殖列传》用物名极多之一段观之,即可知人籁之不如天籁也。""文字仍系一种语言,阅看时虽不朗诵,暗中仍在默诵的,不过自己不觉得。所以音调最要紧。"这些话对我们今天读《史记》仍旧应该有帮助。

《汉书·艺文志》说:"《太史公书》百三十篇,十篇有录无书。"《司马迁传》也这么说,颜师古注:"张晏曰:迁没之后,亡《景纪》、《武纪》、《礼书》、《乐书》、《兵书》、《汉兴以来将相年表》、《日者列传》、《三王世家》、《龟策列传》、《傅靳列传》。元、成之间,褚先生补缺,作《武帝纪》、《三王世家》、

《龟策》、《日者传》,言辞鄙陋,非迁本意也。"其后又有缺,又有人补。前人对此颇有讨论,要以吕诚之师的《太史公书亡篇》讲得最清楚(收入民国二十六年商务印书馆本师所撰《燕石札记》,又收入1982年上海古籍出版社本《吕思勉读史札记》)。

《史记》有三家注,即东晋裴骃的《集解》八十卷,唐司马贞的《索隐》三十卷、张守节的《正义》三十卷。司马贞、张守节都是开元时人,而张比司马稍晚一些,但除《索隐》三十卷的原本还保存下来外,都因在南宋时先合刻《集解》和《索隐》,再合刻三家注,都一律按《史记》的一百三十篇而成为一百三十卷了。《集解》虽还有单刻也已按一百三十卷来分,《正义》则连单刻的也没有了。宋以来考订疏说《史记》的人很多,多散见在各家的著作里。日本学人泷川资言把这些汇总起来,再用保存下来的古本校勘《史记》的原文,又从日本东北大学所藏庆长宽永活字本《史记》上栏标记辑得《正义》佚文一千二三百条,1934年出版《史记会注考证》,虽不尽美备,亦便于参考。水泽利忠再广搜各种版本对《史记》作校勘,撰成《史记会注考证校补》。1957年出版。

[版本] 凡已收入《十七史》、《二十一史》、《二十四史》的各种本子,在分述《二十四史》时就一概省略不再重复了。仅存的不易见到的宋元刻本,这里也自省略了。这里只举还易见到的尤其是近若干年来新出的本子。(1)《史记索隐》三十卷,明末汲古阁刻本。(2)《史记集解》一百三十卷,1955年文学古籍刊行社影刊南宋绍兴刻本。(3)清张文虎校《史记》三

家注本,附校刊札记五卷,同治五年金陵书局刻本。(4)《史记会注考证附校补》,1985年上海古籍出版社影印本。

《史记》因为影响实在太大,该讲的实在太多,择要还写了这么一些。《汉书》以下就只好从略了。好在自《史通》"古今正史"篇以来讲这些纪传史的已经很多,有赵翼《廿二史札记》,有《四库提要》、《四库提要辨证》,还有吕诚之师《史通评》"古今正史"篇所述唐以后正史源流,至于柴德赓先生《史籍举要》和王树民先生《史部要籍解题》,讲《二十四史》部分都十万字左右,欲求其详都可阅读。

——节自黄永年著《史部要籍概述》,
江苏教育出版社 2008 年版

后　语

商务印书馆重新出版业师黄永年先生的旧作《司马迁的故事》，嘱咐我写几句话，附在后面，帮助读者了解和阅读这部著作。

这本书篇幅短小，内容精炼，很适合初学文史知识的朋友阅读。它的原版，是在1955年出版的，当时署名"阳湖"。

由于先师从未提起过这部著作，我对此书，原本是一无所知的。前些年曹旅宁学长买了一册送给我，我才看到。后来读曹旅宁学长的《黄永年先生编年事辑》，更进一步了解到，从1952年至1956年短短五年时间，包括这部《司马迁的故事》在内，竟连续出版了十六种通俗历史读物。汉唐明清，科技绘画，涉及范围甚广。要不是时事突变，照这个势头发展下去，应当还会写出更多这样的普及性著述。

黄永年先生撰著这一类历史著作，有两大优势。一是文笔畅达，通俗易晓。读其文，犹如面对面听其娓娓道来，既不枯燥，也不艰涩。二是不管写什么具体问题，都能够从通贯的历史大背景入手，因为通贯，也就能写得透彻。当时先师的年龄，是在二十八岁至三十二岁之间，对于一般人来说，当然还很嫩，是难以具备如此通贯的历史知识的。这就是先生的过人之处，才华过人，曾经付出的努力也是过人一等的，书读得确实多。

按照旧时的传统，有志研治文史的学者，首先要读好《史记》和《汉书》。作为一种基础的修养，同样需要如此。黄永年先生当然也是这样。明白这一点，现在的普通读者，就不会因为后来先师并没有过多从事秦汉史方面的专题研究而对先生写《司马迁的故事》这本书感到奇怪了。

认真治学的人都会知道，写好通俗读物是很难的，把通俗的书写得这么简洁当然更难。它要求作者在广博的知识基础上准确清晰地表述出关键的见解，也就是要能够得其要领。黄永年先生这本书在这方面所获取的成功，曹旅宁学长在《黄永年先生编年事辑》一书中引述的一段《顾颉刚日记》，可以作为很好的说明："《司马迁的故事》一小册，疑黄永年君所书也（德勇案：因为是用笔名出版的）。甚好。"读过顾颉刚先生《秦汉的方士和儒生》的朋友，都明白顾颉刚先生是多么善于以简洁的笔触来叙述复杂的史事，因而也就能够明白，这"甚好"二字的评价，是这位大师对一个年轻后辈和他这部著述很高很高的褒赏。

尽管黄永年先生后来没有集中研究过秦汉史和《史记》的

问题，但在撰写《司马迁的故事》这本书之前，不仅花费很大力气研读过《史记》和《汉书》，而且还对《史记》记载的史事做过一些颇有深度的考辨。在已发表的研治《史记》的读书札记当中，《李斯上书谏逐客事考辨》一文，是很有代表性的。李斯谏逐客令，是秦朝历史上的重大事件，在一定程度上也可以说是决定中国历史走向的一个重大事件，而对其发生年代，在《史记》的《秦始皇本纪》和《李斯列传》中有两种不同的记载，前后相差九年。永年师这篇文章，对错综复杂的史事，逐一剖析，指出应以《秦始皇本纪》的记载为是，并且指出其历史缘由，乃是"其时（吕）不韦免相就国，始皇欲尽逐其客，以翦其党羽。李斯为不韦之亲任者，自'亦在逐中'，故为自身及不韦计，上书谏止"。这一事件的真相，清儒早有疑惑，惟赖永年师此文始得以辨明。这篇文章发表在1947年，当时先生只有二十三岁。其精彩之处，不仅在于结论的精辟，还体现在论证过程和论证方法的醇正。在这篇文章的结尾，先生把笔锋向外一推，述云："今读《史记》，常觉其叙战国秦时事，于本纪多有博士所传《秦纪》以为本，于列传则兼采杂说而成之。故本纪可信之程度，恒远驾列传之上。睹此李斯上书谏逐客事而益信。"由历史文献的通例出发来甄辨史事，又根据论证的结果来验证通例之合理性和适用性，这样的话，若非谙熟于史书以及史事考辨者断不能言，也正体现出当时黄永年先生对《史记》和秦汉史事都已相当熟悉，考辨史事的方法也已相当老到纯熟。

这样的基础,就是黄永年先生写好这本通俗性读物的学术保障。

我们都知道,司马迁在历史上的影响,主要在于他所撰著的《史记》;同时,司马迁的人生经历,也主要体现在《史记》一书当中。正因为如此,黄永年先生对司马迁故事的叙述,是紧密结合《史记》的纪事而展开的,而我们这些读者,在关注司马迁个人遭遇的同时,自然也很关心司马迁是怎样撰写《史记》的;很多人甚至还会更多地关注这一点。

一部史书是不是能够取信于人,很重要的一点,是书中的纪事,是不是具有可靠的依据。我们今天阅读《史记》,自然也会首先关注这一问题。

黄永年先生在依据《史记》相关记载来展现司马迁生命历程的叙述中,逐一阐释了他撰著《史记》的几项主要依据。

譬如,《史记》是一部跨越很多时代的"通史",从五帝时代所谓"黄帝"写起,一直写到他自己生活的汉武帝时期,载述的年代,跨越很大。早期的记载,主要是如何择取可信史料的问题,但有一些司马迁生前的史事,《史记》的文字明显是以亲历者的口吻写出来的;还有一些这样的史事,在已知的史书中,我们也很难想象究竟有什么著述会留下相当细腻的记载以供司马迁采择。在本书第二章《世传的历史家》这一章中,黄永年先生告诉读者,《史记》中这一类记载,很多是来自其父司马谈的讲授,譬如荆轲刺秦王的故事,就是如此。了解这一情况,对我们正确认识《史记》中这一类纪事与合理利用其价值,是具有重要意义的。

《史记》中另外还有一些纪事，是司马迁根据自己的见闻，直接写入书中的。关于这一点，黄永年先生也在记述司马迁的生活经历时，给予了特别的关注和说明，譬如汉武帝时著名的江湖大侠郭解，就是这样被他写入《游侠列传》的。

了解到这条耳听口传的渠道，还可以帮助我们理解，《史记》记载的那些看似无人可知的深宫密谋，实际上都完全有可能通过这样的渠道流播于当时，并传布于后世，从而不必再无端怀疑这些记载的可靠性。

司马迁的个人经历对《史记》撰著影响很大的另一项内容，是他在全国各地的游历。这种游历，当然使他有机会直接接触众多故老，采访到更多用来撰著《史记》的素材，但除此之外，对他撰著《史记》，还有一项特别重要的作用，这就是充分而又具体地认识历史事件发生的"舞台"。《史记》记载了古往今来许多重大历史活动，这些历史活动，都是在特定的空间场景上展开的，而这些空间场景，就犹如戏剧演出的舞台。对这个"舞台"认识得越清楚，就能越好地认识发生在它上面的历史活动。在《司马迁的故事》这本书中，黄永年先生专门设置《全国大游历》一章，举述很生动的事例，讲述了司马迁的游历与其撰著《史记》的关系，指出："全国地理环境的初步熟悉，是他这次大游历的另一收获。从古代到秦汉之际的大小战役，数以千计的战场的复杂变化，如果没有一个了如指掌的形势放在胸中，那是无从加以捉摸、叙述的。"细心体味黄永年先生向我们讲述的司马迁的游历过程,读者可以更好地理解《史记》的记述,看到那些沁入字里行间的地理背景。

《司马迁的故事》这本书在叙述形式上的一个重要特点,是在举述各种类型的例证时,直接引录了较长篇幅的《史记》原文。这一点,现在许多年轻朋友,骤然看去,可能会觉得很是扎眼;或者更准确地说,是颇显碍眼的。

读者们形成这种感觉的客观原因,是很多年来,中国大陆的历史教育,具有两项比较明显的缺陷。一是施教的内容,往往是把研究的结论与得出结论的材料混同为一事,这样便使得很多人没有接触原始材料的兴趣,甚至根本就没有这样的意识。二是向社会传授历史知识的人更强调用怎样不同于常人的视角来看待历史,用什么新奇的方法来研究历史,而忽略原始文献记载的重要性,轻视对基本史籍的阅读和思考。

若是能够摆脱这种教育蒙蔽,读者们便不难发现,人们通过一些基础性的通俗读物来接近历史,学习历史,目的不外乎提高个人的人身修养,丰富内在的人文知识,当然有一小部分人将来或许还会走入专门的研究领域,成为专业的文史学者。这样,有了入门的初步知识之后,就应该更进一步,直接阅读一些古代的基本典籍,而在中国古代的所谓基本典籍当中,《史记》当然名列前茅,是不能不读的经典。

直接阅读《史记》原文,在黄永年先生写《司马迁的故事》那个年代,对于有志向提高自己文化修养的人们,本来是稍加努力,就不难做到的事情。可是,后来推行的所谓"简化字",

猛然从主干上截断了汉字文化的连绵传承，以致当今绝大多数普通读者，要想阅读像《史记》这样的古代典籍，不得不先要迈过一道认识正体字（也就是俗语所说的"繁体字"）的门坎。

对于从小看惯了"简化字"的年轻朋友来说，正体字乍看起来虽然有些发懵，但只要你是真心喜欢读书，这绝对不会成为什么严重的障碍。静下心来读下去，很快就能够大体读懂，实际上并不像你初看时所感觉得那样困难。关键看你是不是一个真的喜欢读书、真的喜欢求知的人。

启蒙书之所谓重要，是因为那些真心喜欢读书的人对书籍、对阅读的喜爱，是出自与生俱来的天性，这些人就是老辈所说的"读书种子"，而再好的种子，也需要有一个适宜的环境才能发芽，才能扎根成长。黄永年先生在《司马迁的故事》这本书中引录的这些《史记》原文，与全书的叙述，浑然一体，就像一部导游手册中恰到好处地插入的标志性图片，除了让读者直接领略历史风貌的精彩之处外，更会激起他们阅读更多《史记》原文的欲望。《司马迁的故事》在写作形式上的这一特点，使它成为诱导读者走入《史记》的一扇美丽的窗口，这是现代学者写的同类通俗历史读物所不具备的一项重要特色，也是它的一项突出优点。

稍微了解一点儿当代中国文化史和出版事业的人都知道，在写作和出版《司马迁的故事》那个年代，特有的政治标签和话语，是不可或缺的；对于一部青少年读物的要求，当然会愈加严格。这一点，希望青少年朋友能够明白，更希望青少年朋友能够透过这本书里面的这样一些叙述，认识当代中国曾经走过的那一段艰难历程。理解这一点，或许稍微有些困难，但多读一些书，并多动脑筋思考，大家就会明白是究竟怎么一回事儿，并且知道应该怎样让我们的社会变得更加美好了。

辛德勇
2018 年 9 月 3 日记